税收原则析论

刘卫民 ◎ 编著

中国税务出版社

图书在版编目（CIP）数据

税收原则析论／刘卫民编著． —— 北京：中国税务出版社，2025.2． —— ISBN 978-7-5678-1626-8

Ⅰ．F810.42

中国国家版本馆 CIP 数据核字第 2025099C7M 号

版权所有·侵权必究

书　　　名：	税收原则析论 SHUISHOU YUANZE XILUN
作　　　者：	刘卫民　编著
责任编辑：	庞　博　张大卫
责任校对：	姚浩晴
技术设计：	林立志
出版发行：	中国税务出版社 北京市丰台区广安路9号国投财富广场1号楼11层 邮政编码：100055 网址：https://www.taxation.cn 投稿：https://www.taxation.cn/qt/zztg 发行中心电话：(010)83362083/85/86 传真：(010)83362047/49
经　　销：	各地新华书店
印　　刷：	北京天宇星印刷厂
规　　格：	787毫米×1092毫米　1/16
印　　张：	17
字　　数：	143000字
版　　次：	2025年2月第1版　2025年9月第2次印刷
书　　号：	ISBN 978-7-5678-1626-8
定　　价：	48.00元

如有印装错误　本社负责调换

序

听闻《税收原则析论》付梓，我特别高兴。

认识卫民先生还是24年前的事。当时，我在国家税务总局扬州税务进修学院教学岗位工作，时任云南省国家税务局流转税处处长的他告诉我，刚刚取得中共中央党校经济管理专业研究生毕业证书，我表示祝贺的同时与他聊了很久，他对税收管理以及税收征收工作实践中如何坚持税收原则，以及税收执法过程中如何构建和谐的征纳关系的真知灼见，给我留下了深刻的印象。之后往来多了，彼此有了更多的了解。

一个月前，卫民先生告诉我，他今年4月已退休，一生爱税收、学税收、悟税收，把自己从事40多年税收工作的感受整理了一个书稿，已交付中国税务出版社，书名为《税收原则析论》，也是想为税收事业再做点贡献。卫民先生锲而不舍、学思践悟、

税收原则析论

持之以恒的进取精神，令人敬佩。

卫民先生自20世纪80年代初从事税收工作以来，曾先后在县、市税务局和国家税务总局等多个单位工作，承担多岗位领导责任，如他所说"学税收爱税收、干税收研究税收"四十多年，在研讨与践行中坚持着"税收原则"，反映了他观察税收的角度和见解，思考税收的功力和造诣。"税收原则"是个"小切口可以作大文章"的开放话题，古今中外、理论与实践的结合上始终存在着研讨的空间，也确有必要深入研究和丰富发展。卫民先生以"法治原则"为牵引，选择具有普遍共识、在同一层级、包含税收各方面的重点税收原则析论，阐释了"公平、确实、便利、节省、充分、弹性、中性、国民经济、实质课税、诚实信用、反逃避税和社会政策"等十二项原则，当然在这十二项原则中也包含和一并阐释了其他的一些重要的税收原则，如在"公平"原则中包含和一并阐释了"合理负担"原则，在"确实"原则中包含和一并阐释了"税收法定"原则，等等。他将这十二项原则分为四组，"公平、确实、便利、节省、充分、弹性、中性"原则为一组，体现着税收的价值；"国民经济"原则为一组，体现着税收与经济的关系；"实质课税、诚实信用、反逃避税"原则为一组,体现着国家与纳税人的关系;"社会政策"原则为一组,体现着税收与社会的关系;以此构建税收原则体系和分析框架体系,全面阐释了税收原则的主要内容。卫民先生以其丰富的税收实践经验,提出了一些新的税收理念,很有见地。如:刚性执法与柔性执法的辩证关系,"主动税收"与"被动税收",税收公平的人民性、科学性、时代性和操作性等"四性",关于税制、税法、税控、税收、税局的税收确定的"五要素",以及税收收入"双重法定","硬增税"和"软增税",理解性、释义性、立法性和适用性四种税法解释,等等。卫民先生还提出一些进一步健全税收制度、优化税制结构、加强税收征管的思路和见解,让人深深感受到作为一名税务老兵对党的税收事业的忠诚、对税务工作的挚爱与无私奉献,深深感受到个中的意趣、意味、意义,给人以触动、给人以启迪、给人以收获。

我始终认为,经济学的核心是财富的分配,是资源的合理配置。财富分配寓于生产、流通、消费之中,渗透于人们日常生活中,每一名经济人或者社会人都是消费者,都是纳税人,税收伴随着人的一生。税收不仅仅是财政分配的手段,更主要是国家治理的基础和重要支柱,是促进社会公平,实现国家长治久安的制度保障。从这个意义去认识，税收是一种文化，一种生活方式；市场的法制、原则和伦理基础与税收的法治、原则和伦理色彩正由此产生，进而引发了我们对税收原则的辩证思维。这也许正是卫民先生《税收原则析论》付梓面世的理论与实践意义所在。

总之，搞税收工作不能离开生活，而生活不仅是关爱他人、受益自己，更重要的是有所思、有所悟，把自己亲力亲为的事情思前想后整理出来，留下人生重要的脚印，这确实是一件利人利己的好事。当然，这需要一个好的思维，还需要勤奋。因为，养成科学务实的思维习惯加上笔耕不辍，会使人生旅途充满阳光，会是生命历程中一盏明亮的灯，导引你走向成功的彼岸，并永远快乐着！让我们以此共勉。

是为序。

曾绍华

2024 年 9 月 2 日

目 录

绪言

什么是税收／3

征税、缴税和税收"三性"／4

税收的分类／6

直接税和间接税／7

税收的职能和性质／9

治税思想和税收原则／11

法治原则／12

税收原则／13

第一篇 公平原则

受益学说／19

负担能力学说——税收公平的四重含义 / 20

税收负担能力及评判 / 21

起征点和免征额 / 26

直接税和间接税 / 27

主动的税收和被动的税收 / 28

税收公平 / 28

第二篇　确实原则

确实、确定和税收法定 / 39

税收法定四层含义 / 40

税收法定的意义 / 41

税收确定——税制 / 42

税收确定——税法 / 45

税收确定——税控 / 48

税收确定——税收 / 50

税收确定——税局 / 53

第三篇　便利原则

便利辩 / 57

税种与便利／59

纳税人与便利／60

纳税期与便利／61

税收优惠与便利／62

发票使用与便利／64

数据资料收集报送与便利／67

纳税申报、税款缴纳与便利／69

第四篇　节省原则

税务行政效率原则／77

不节省的四个原因／78

从五个方面节省／78

合理设置税务机关／79

科学配置税务机关职能／83

税务机关必须高效／85

税务干部必须廉洁／88

社会必须协同共治／89

第五篇　充分原则

充分不能量化 / 95

政府职能——法治政府 / 95

满足需要——合理数额、经验数额 / 97

满足需要——宏观税负 / 98

满足需要——税收立法 / 99

税收是最主要的财政收入 / 99

合理数额"双重法定"/ 100

税收收入法定 / 100

税收收入七步法定 / 101

税收法定 / 102

税收减免 / 102

治理"有税不收"和"征收过头税"/ 103

预算平衡基金 / 105

第六篇　弹性原则

税收弹性的奥妙 / 109

税收征管力度与弹性／110

税收制度安排与弹性／110

征税范围的宽窄与弹性／111

计税依据的选择与弹性／112

税率类别的适用与弹性／112

增税和减免税与弹性／114

财政收支与弹性／115

税收与经济潮汐互动／116

税收弹性系数／117

第七篇　中性原则

税收经济效率／121

增值税的中性／122

税法第一条不表述立法目的／123

税收是"不说话的股东"／124

保持税负总体不变与中性／125

减免税、税负转嫁与中性／126

增税、税负转嫁与中性／128

中性即福利增加 / 130

第八篇　国民经济原则

应选择所得征税 / 133

征税不可侵及资本 / 134

对财产征税好不好 / 136

财产所有权与征税 / 138

财产征税的利与弊 / 139

房产税实施的条件与制度安排 / 140

消费、资本、所得和对消费征税 / 144

税源的选择和税种的生命 / 146

第九篇　实质课税原则

税法的解释应考虑其经济意义 / 151

定纷止争主持"公道" / 152

"实质课税"是税法适用 / 153

税法解释 / 154

税法的语义理解 / 159

税收争议有两种形态 / 159

关于要有专业素养 / 161

关于税收情怀 / 162

关于坚持"税法解释有利于纳税人" / 162

关于防止不作为和滥用"适用性解释" / 163

关于要健全化解处置机制和畅通化解处置渠道 / 164

第十篇　诚实信用原则

诚实信用的来源 / 169

诚实信用保障税法实施 / 170

关于纳税人义务 / 171

关于纳税人权利 / 174

关于税务机关义务 / 175

关于第三方权责 / 179

关于税务机关主导 / 182

第十一篇　反逃避税原则

逃避税不可避免，反逃避税也不可避免 / 187

反逃税和反避税 / 188

逃税和反逃税 / 189

避税和反避税 / 190

逃税和避税 / 191

反逃避税 / 197

让纳税人不愿逃避税 / 198

让纳税人不能逃避税 / 200

让纳税人不敢逃避税 / 205

第十二篇　社会政策原则

社会政策原则 / 211

社会政策原则实践 / 213

维护国家（税收）主权和安全 / 214

维护社会主义市场经济体制和基本经济制度 / 216

稳定经济预期和促进经济增长 / 217

促进区域协调发展和共同富裕 / 218

支持社会事业全面发展 / 221

"税收社会政策原则"运用 / 223

坚持税权集中在中央 / 224

防止违反"税收法定原则" / 224

防止频繁出台和变更税收政策措施 / 225

注意政策措施之间协调配合 / 226

后记

为什么重点阐释十二项税收原则 / 229

税收原则体系 / 230

税收原则的运用和实践 / 231

最为重要的建议 / 232

致谢 / 233

附录

增值税改革与立法的建议（2015 年）/ 237

对增值税和营业税起征点政策问题的思考（2008 年）/ 244

参考文献 / 253

绪 言

绪 言

"在这个世界上,唯有死亡和纳税是不可避免的。"①

我们不研究死亡,专门讨论一下既不可避免缴纳又不太讨人喜欢、既熟悉又不太说得清楚的税收。

什么是税收

马克思说:"赋税是喂养政府的娘奶。"列宁指出:"所谓赋税,就是国家不付任何报酬而向居民取得东西。"

还有很多政治家、思想家对什么是税收都有过阐释,现列举几种比较有代表性的表述供学习讨论。

英国思想家、现代经济学之父亚当·斯密认为,"国家经费的大部分必须取自于这种或那种税收,即人民拿出自己的一部分私人收入给君主或国家,作为一笔公共收入"。② 英国财政学家巴斯特希尔认为,"税收是人民或私人团体为供应公共机关的事务费用而被强制征收的财富"。③

---

① 一句西方谚语,也有人认为是美国政治家本杰明·富兰克林说的。
② 国家税务总局税收科学研究所. 西方税收理论[M]. 北京:中国财政经济出版社,1997:59.
③ 国家税务总局税收科学研究所. 西方税收理论[M]. 北京:中国财政经济出版社,1997:60.

税收原则析论

法国思想家孟德斯鸠则认为,"公民所付出的自己财产的一部分,以确保他所剩余的财产的安全或快乐的享用这些财产"。①英国著名财政经济学者西蒙·詹姆斯和克里斯托弗·诺布斯认为,"税收是由公共政权机构不直接偿还的强制性征收"。②

征税、缴税和税收"三性"

国家或政府为什么要征税?主要原因至少有两个:一是社会必须有政府或公共机构,但政府或公共机构不直接生产社会产品(不直接创造财富),要确保政府或公共机构的运转、满足社会的公共需要,必须通过税收筹集需要的资金;二是因存在"市场失灵",公共产品无法通过市场提供,只能由政府通过税收形式筹集资金提供公共产品,以弥补"市场缺陷"。

征税的主体一般是国家。特殊情况的征税主体,也有经国家确认的政治实体,如我国的香港特别行政区;或经国家授权的政权机构,如地方政府。征税凭借的是国家政治权力,体现国家意

---

① 孟德斯鸠. 论法的精神 [M]. 许明龙, 译. 北京: 商务印书馆, 2019: 252.
② 西蒙·詹姆斯, 克里斯托弗·诺布斯. 税收经济学 [M]. 罗晓林, 译. 北京: 中国财政经济出版社, 2002: 10.

志，有国家机器保证，具有税收的第一个显著特征：强制性。征税是国家"参与社会产品的分配"，是剥夺人民（居民）和私人团体的财物且不直接偿还，纳税人不可能自愿缴纳，这就需要国家强制权力保证，这很容易理解。

赋税"并不包括特种利益的关系"，如不包括国家行使强制性权力的没收和刑罚罚金[①]。政府取得收入，如有税收的征收形式，但若征收主体不适格，也不被认为是税收。

人民（居民）和私人团体为什么需要纳税？主要原因至少也有两个：一个是确保政府和公共机构运转提供社会公共服务，另一个是"确保他所剩余的财产的安全或快乐的享用这些财产"。"国家不付任何报酬而向居民取得东西"直接反映了税收的第二个显著特征：无偿性。无偿性具体则表现为"不直接偿还"和"取之于民用之于民"。

洛伦茨·冯·施泰因认为，税收是个人对国家的义务[②]。他认为，税收的本质是个人与国家结合的一种经济表达方式。个人

---

① 国家税务总局税收科学研究所. 西方税收理论［M］. 北京：中国财政经济出版社，1997：60－61.
② 《税收学》编写组. 税收学［M］. 北京：高等教育出版社，中国税务出版社，2021：36.

经济生活的全过程都从属于国家，国家征税将个人的从属关系转化为纳税义务。没有人可以质疑国家征税的正当性。

税收的第三个显著特征是确定性。税收是通过法律形式，参与社会产品分配而取得财政收入的一种形式，包括"确定性"和"规范性"的含义，我国部分税收教科书把税收的这一特征表述为"固定性"值得商榷和讨论，"固定性"有固定不变的含义，不符合税收随征税对象变化而不同的实际，也不能反映税收应在社会经济活动中给出确定预期的重要特性。"确定性"这一税收特征反映的是税收必须由法律规定明确，社会经济活动参与方在规划社会经济活动前，就能够清楚地知道他从事的社会经济活动需不需要缴税、需要缴多少税，甚至是什么时候缴税、如何缴税。

税收确定性，不但是税收的一个显著特征，也是一项重要的税收原则，之后将在"确实原则"中论述。

税收的分类

税收一般会选择在社会产品的生产交易环节、收益取得环节和财产持有环节"参与社会产品分配"(即征税)。根据不同的分类标准，税收还有若干种不同的分类。如按不同的征税对象，可分为：货物和劳务（流转税）税、所得（收益）税、财产和行为税、资源和环境税。按税收收入归属，可分为：中央税、地方税、中央地方共享税。按税收是否容易转嫁或纳税人和负税人是否一致，可分为：直接税、间接税。选择在什么环节征税，或决定对什么对象进行征税、收入归属于哪级政府等，对经济社会的影响是不一样的。

直接税和间接税

在这里对直接税和间接税作扼要讨论。

直接税是指纳税人与实际税收负担者一致、税收负担不能转嫁的税收。间接税是指纳税人与实际税收负担者不一致、税收负担可以转嫁的税收。在我国目前征收的18个税种中，具有明显的直接税特征的税种有2个：企业所得税、个人所得税；具有明显间接税特征的税种有3个：增值税、消费税、烟叶税。

其余的13个税种究竟是直接税还是间接税鲜有权威的说法，

其实很有必要确定其属性，原因主要有两个：一是便于研究进一步"健全直接税体系"，"提高直接税比重"①；二是对这些税种属性有明确全面的认识，有利于研究这些税种对经济活动的影响和作用机理，更好地发挥各个税种的作用。

城市维护建设税、资源税和关税可以归类为间接税。城市维护建设税随增值税、消费税附征，随主税种归入间接税顺理成章。资源税与生产销售货物耗用的资源数量相关，特别是从价计征改革后，与耗用资源生产销售的货物价格高度相关，税负水平较高也具税负转嫁可能，应归类为间接税。征收关税的货物绝大部分都会进入生产交易，关税会进入货物价格转嫁，应归类为间接税。

剩余的车辆购置税、土地增值税、耕地占用税、环境保护税、印花税、契税、车船税、房产税、城镇土地使用税、船舶吨税，都可以归类为直接税。在这些税种中，有的税种缴纳的税款

---

① 《中共中央关于全面深化改革若干重大问题的决定》（2013年）指出"深化税收制度改革，完善地方税体系，逐步提高直接税比重"。《中共中央关于制定国民经济和社会发展第十四个五年规划和二〇三五年远景目标的建议》（2020年）强调"完善现代税收制度，健全地方税、直接税体系，优化税制结构，适当提高直接税比重，深化税收征管制度改革"。《中共中央关于进一步全面深化改革、推进中国式现代化的决定》（2024年）提出"健全直接税体系"。

绝大部分由消费者直接负担，如车辆购置税；有的具有特别收益调节性质，如土地增值税；有的属于行为特殊税负转嫁受限，如耕地占用税；有的税额较小，对税负转嫁的媒介即价格的影响较小或不太敏感，剩余的税种都属于这一类。

税收的职能和性质

税收的天职和基本功能是筹集财政收入，这是需要特别牢记的。调控经济和调节收入的职能也很重要，但都需要建立在税收筹集财政收入的基础上。

如果国家不需要钱，而由于其他经济社会目的而开征税收，就属于本末倒置，最终也不会收到好的效果。但在实践中要如何坚持和做到并不容易。一般情况下，政府永远都感觉钱不够花，调控经济和调节收入也是政府愿意做的事情，但愿意做、希望做好和能否做好并不是一回事，要做好就得遵循和坚持征税的基本原则，按经济规律行事。

现代税收一般以货币征收或缴纳。但不论以实物或货币征收或缴纳，征税都是实实在在的财物金钱所有权、支配权等全部财产权利的无偿转移，是纳税人收入收益的减项、成本的加项，是纳税人拥有和支配财富的减少，是对纳税人财产权利的剥夺，对社会经济活动、国家治理效能、人民利益有极其重要的影响，征税应该作为"国之大者"来把握。

征税体现国家发展建设理论、路线和国家意志，国家政治经济制度包括税收制度，税收属于上层建筑。征税既需维护国家税收主权，又需协调服务畅通国内国际双循环，优化、稳定产业链供应链，促进经济全球化一体化；既是内政，又涉及外交和国际税收协调，是生产关系。税收要素深度嵌入市场主体、人民百姓的经济活动、日常生活，是经济基础和生产力的构成要素。"经济决定税收，税收反作用于经济"，社会主义税收是人民的税收、发展的税收。税收代表了一个民族全部的文明水平。①

征税涉及立法、执法和司法全过程，征税所依据的法律是"治国之重器"。"税收具有崇高的意义和力量"，在国家治理体系中发挥着基础性、支柱性和保障性作用。征税是政治性、理论性、科学性、实践性和技术性高度融为一体、社会经济渗透特别

---

① 《税收学》编写组. 税收学［M］. 北京：高等教育出版社，中国税务出版社，2021：36.

深和广的政府活动,政府征税受治税思想指导、指引,遵循一系列税收原则。

治税思想和税收原则

治税思想"是指一个国家或政府治理税收的基本理念,它既是影响一国税收政策和税制设计的指导思想,也是规范国家税收活动的总原则或总遵循"[①]。税收原则"是政府征税(包括税制的建立和税收政策的运用)所应遵循的基本准则"[②]。或是说,税收原则"是政府在运用税收取得收入、调节经济和维护国家权益时,为正确处理政府需要与经济发展、社会进步的关系必须遵循的准则。它是制定税收制度的指导思想,也是判断税收制度是否完善的标准"[③]。治税思想和税收原则表述不同、含义相近,我们都以"税收原则"统称析论。

---

① 《税收学》编写组. 税收学[M]. 北京:高等教育出版社,中国税务出版社,2021:29.
② 金人庆. 领导干部税收知识读本[M]. 北京:中国财政经济出版社,1999:30.
③ 《税收学》编写组. 税收学[M]. 北京:高等教育出版社,中国税务出版社,2021:24.

税收原则析论

法治原则

在现代社会，好的税收首先是贯彻"法治原则"的税收。"法治原则"是什么呢？

哈耶克指出，"撇开所有的技术细节不论，法治的意思就是指政府在一切行动中均受到事前规定并宣布的规则约束——这种规则使得一切个人有可能确定地预见到当权者在给定情况中会如何使用其强制权力，并据此知识来规划自己的个人事务。"①

洛克认为，"法治原则"要求"国家必须以正式的法律来统治；执行已公布的法律；法律面前人人平等；法治不排斥个别场合的执法的灵活性。"

富勒指出，"法律制度作为整体必须满足程序上的八项要求，称为法律的内在道德。这些要求是：1. 法律规则的普遍性；2. 法律规则必须公布；3. 法律不能溯及既往；4. 法律规则必须明确，能够被人理解；5. 法律规则不能互相矛盾；6. 法律规则要求的行为必须是人们的力量所能及的；7. 法律规则必须具有相

---

① 哈耶克. 通往奴役之路[M]. 王明毅，冯兴元，马雪芹，等译. 北京：中国社会科学出版社，2020：94.

对稳定性；8. 法律规则的规定与实施必须一致。"①

税收原则

经济学家和政治哲学家提出和定义的这些"法治原则"对税收理论和实践有广泛的影响和指导意义。经济学家和政治哲学家也提出了很多"税收原则"，以下择录一二。

威廉·配第税收三原则：公平、便利（缴纳方便）和节省（最少征收费用）原则。

亚当·斯密税收四原则：公平、确实、便利（缴纳方便）和节省（最少征收费用）原则。

让·巴蒂斯特·萨伊赋税五原则：税负水平必须适度、税负水平必须公平、最少烦扰纳税人、最少妨碍再生产、有利于提高国民道德原则。②

阿道夫·瓦格纳的税收四方面九原则：充分、弹性的财政政策原则，慎重选择税源、税种的国民经济原则，普遍征税、公平

---

① 富勒. 法律的道德性 [M]. 郑戈，译. 北京：商务印书馆，2005：49-95.
② 《税收学》编写组. 税收学 [M]. 北京：高等教育出版社，中国税务出版社，2021：34-35.

征收的公正（或社会政策）原则，明确、便利、最少征收费用的税务行政原则。①

西斯蒙第的税收四原则：税收不可侵及资本、不能以总收入为课税对象、不可侵及纳税人的最低生活费、不可驱使资本流向国外原则。②

其他还有如：税收法定、税收中性、实质课税、反逃避税、税法解释有利于纳税人和诚实信用等原则。

经济学家和政治哲学家提出的这些税收原则都隐含着某些"法治原则"的精神，有其特定的含义和一般理论价值。这些税收原则可以概括归并为公平、确实、便利、节省、充分、弹性、中性、国民经济、实质课税、诚实信用、反逃避税和社会政策等十二项原则。

以下将重点阐释这十二项税收原则，并用这些原则映照、析辨我国的税收实践，以普及税法知识、丰富税收原则理论、推动税务实践。做好这件事情，如果对相关领导干部和对从事税收立

---

① 国家税务总局税收科学研究所. 西方税收理论 [M]. 北京：中国财政经济出版社，1997：100-101.

② 国家税务总局税收科学研究所. 西方税收理论 [M]. 北京：中国财政经济出版社，1997：99.

法执法司法的同志，对负责税收理论研究和知识传播的同志，对税收利益关系人全面理解这些税收原则有所帮助，在税收实践中运用好这些税收原则有所帮助，那就是一件相当有意义的事情了。

第一篇

公平原则

公平是税收的第一原则。威廉·配第税收三原则、亚当·斯密税收四原则都将其列为第一原则，很多经济学家、政治哲学家也都将税收的公平作为税收的重要原则。

公平是全人类共同价值之一。税收公平既有特殊的税收内涵，又有公平的一般涵义。

受益学说

有人认为，税收公平是指享受到政府的公共服务相同的人应该缴纳相同的税收，享受到政府公共服务不同的人应该缴纳不同的税收。

这一学派被称为税收公平的受益学说，享受的公共服务多者多纳税，反之少纳税，表面看有公平的一面，但它似乎承认一个前提，即人们享受到的政府公共服务可以天然地存在差别，人分三六九等，这对于追求社会公平、推进基本公共服务均等化的现代社会，特别是我们这样的社会主义国家，显然缺少政治和社会基础。

另外，享受政府公共服务多的人可能恰好更需要政府照护，其本身根本没有税收负担能力。

负担能力学说——税收公平的四重含义

税收公平的主流学派是负担能力学说，在这里也作重点讨论。负担能力学说认为税收公平的第一要义是：税收负担能力相同的人负担相同的税收，称横向公平。

由这一要义引申的含义是：税收负担能力不同的人负担不同的税收，称纵向公平。

在横向公平和纵向公平中还隐含：不同税收负担能力的人之间，税收负担水平应当适当、协调，这是容易被人们忽视的第三重含义。

另外，没有税收负担能力的人不应该负担税收，是税收公平的第四重含义。

"税收公平原则"在很多场合也被称为"税收合理负担原则"。税收公平的负担能力学说的四重含义，用比较直白的语言表达就是"税收负担要合理"，"合理即公平"，就如很多时候我们将"公平""合理"等同、连用称"公平合理"是一样的。

税收负担能力及评判

税收负担核心的含义是实际承担的税收数额，是货币化的财物。这不难理解，也好衡量计量。难以衡量和计量的是"税收负担能力"。判断税收负担能力，至少涉及"人"即纳税人和税收制度两个维度。

从纳税人的维度来看，有法人纳税人、自然人纳税人或家庭纳税人。

法人纳税人，有从事生产经营的纳税人和非生产经营纳税人；从事生产经营的纳税人和非生产经营纳税人本身又有非常复杂的构成，情况千差万别。

自然人纳税人或家庭纳税人也一样，情况各有不同，差别巨大；家庭纳税人与自然人纳税人又有紧密的联系。

没有税收制度不能确定谁是纳税人，仅从纳税人维度衡量、计量"税收负担能力"没有基础，因此，讨论纳税人的税收负担必须以税收制度为前提。这里所指的"税收制度"，包括已经实施的税收制度和拟议的税收制度，"拟议的税收制度"即处于研究立法实施的税收制度。

税收原则析论

现代税收是复合税制并非单一税制，在讨论税收负担能力的时候，是以纳税人的总体状况衡量计量，还是以应征税的某一状况衡量计量更为合适呢？

税收负担能力相同或不同，显然都是因比较产生，无比较就不会得出"相同"或"不同"的结论。能够比较的一定是相同至少是相似的具体事物。按这一道理，都是纳税人，应该可以比较，但在复合税制条件下，直接以纳税人总体状况比较不够具体，比较某一具体税收的税收负担能力应该才是普遍的社会心理，也才更有操作性。通过比较某一具体税收的税收负担能力，然后评估判断纳税人的总体税收负担能力，更符合社会心理和思维逻辑。

比较纳税人的税收负担能力，还有几个事项需要注意。

一是在同一个税收主权区域内比较，即在税收法规生效的区域内比较。如在我国，仅在内地（大陆）、香港、澳门、台湾各自区域内比较。税收法律制度不在其他区域生效、各区域是相对独立的市场、政府公共服务水平各异，区域之间没有可比性。

二是在同一类纳税人（或潜在纳税人）中比较。自然人纳税人不跟法人纳税人比较，从事生产经营的纳税人不跟非从事生产经营的纳税人比较。

三是在同一类应税行为中比较。购买不与出售比，买车不与买房比，货物劳务税不与收益所得税比，等等。

这三个事项是逐层收缩的比较逻辑，举一个简单的例子：个人或家庭在内地（大陆）取得应税收入，应该是在内地（大陆）取得应税收入的自然人或家庭之间进行税收负担能力比较。

税收负担能力相同或不同因比较而产生，比较的范围确定后，来看一下比较的内容是什么：是收入、支出、拥有的财富，还是都包括；税收负担能力如何计量、相同或者不同如何判定，这些问题都非常复杂，也没有现成简单的计量工具和判定办法。

以对个人所得征税为例子简单讨论。如有一群人都是取得工资薪金收入的上班族，有的在政府等公共机构工作，有的在企业工作，有的在其他的地方服务，取得的收入相同，能否判定他们的税收负担能力一致，如果一致，缴纳相同的税收能否就可认为是公平呢，可能也不一定。这里至少有这么几个问题。

一是从不同机构取得，甚至这些机构在不同地方、这些人在不同的城市生活，收入性质一样且数额相同，但税收负担能力不一定相同，负担相同的税收可能不一定公平。

二是对于已婚人士，夫妻一方的收入也是家庭的共同收入，在这些人中夫或妻的另一方不一定都有收入，也不一定收入相同，虽然他们的收入性质一样且数额相同，但税收负担能力不一定相同，负担相同的税收可能也不一定公平。

三是这一群人他们的收入性质一样且数额相同，但他们个人情况、家庭情况还有很多不同，教育子女、赡养老人、医疗健康等家庭开支差别巨大，在判定税收负担能力时，如何考虑才公平呢？

收入完全相同的情况是存在的，但大量的情况是有的高有的低。对于收入不同的人，有的认为适用相同的比例税率是公平的，有的认为全部收入适用不同的比例税率（全额累进）才公平，有的认为在全部收入中分段适用不同的比例税率（超额累进）才公平，有的认为收入不同缴税也可以不同，但缴税的个人感受、损失的福利或效用应该一样才公平。

这只是对个人所得征税中的很多情形中的一种。

再以目前我国正在研究和准备试点对个人拥有的住房征收房产税为例讨论。假设一类人群都拥有唯一一套同样面积的住房，那么他们的税收负担能力是不是一致，显然也不能简单直接判断，需要考虑的因素也很多。

一是拥有这套房产的是一个人还是一个家庭，一般情况房产以家庭拥有居多，但家庭人口有多有少。即便家庭人口少也很难判定他的税收负担能力就高。

二是拥有这套房产有无负债。有负债、负债多，他的税收负担能力可能就低。

三是这套房产的地理位置。处于不同地理位置的房产，价值差距巨大，但对于唯一住房以居住保障为目的，价值高可能不能判定他的税收负担能力就高。

对于有多套住房的家庭，如何判断其税收负担能力，以上这些因素也应考虑，在此基础上须认真研究如何征税才可能更公平。

基本的判断是：唯一住房的家庭税收负担能力低于多套住房的家庭，区别对待征税更公平，对于保障性唯一住房可能不征税才更为公平；超额累进征税比按相同比例征税、全额累进征税更公平；按面积从量累进征税和从价累进征税哪种更为公平就不一定了。

税收原则析论

起征点和免征额

对个人所得、个人财产征税直接影响个人、家庭的利益，社会相当敏感，公平原则显得特别重要。在税收实践中一般通过"起征点"和"免征额"等政策工具对个人及其他对公平比较敏感的征税事项进行协调处理。

起征点是征税的起点，起征点以下的不征税，达到起征点对征税对象全额征税。总的看，征税对象少、税收负担能力低不征税，反之则全额征税，是公平的。具体看，则存在当征税对象在起征点附近的，其税收负担能力差距不大，但达到起征点就全额缴税，达不到哪怕是差1分也不征税，也不见得公平。

免征额是对所有纳税人都免除征税的限额。如果征税对象在免征额以下，全额扣除不用缴税，与起征点有相同的政策效果，并且也解决了征税对象在起征点附近的不公平问题；但是新的问题是，对征税对象数额很大税收负担能力强的纳税人和征税对象数额很低的纳税人扣除同样的额度后缴税，也不够公平。

直接税和间接税

一般来说，直接税都有直接影响纳税人利益的显著特性，对公平的要求要高于间接税。间接税一般都隐含在货物、劳务的价格中转嫁，除特殊货物外税率也无差别，基本也不对个人直接征收，对最终消费者销售不在价外标注另收，社会不会那么敏感。这是体现在间接税中的公平原则不同于直接税的一方面。

关于间接税的公平问题，讨论比较多的是不同于直接税的另一方面：它的累退性。间接税一般对货物劳务征收，不论计税依据高低，都按相同比例征收并且税收含在销售和购买的货物劳务价格之中，购买越多负担的税收也越多，反之越少。

在一个消除绝对贫困的社会，不同的人群如富人和穷人购买消费货物和劳务的支出特别是生活必需品的支出差别不大，也即负担的间接税绝对额差别不大。富人的税收负担能力显然比穷人更强，但并没有负担与税收负担能力相一致的税收，税收负担能力越强，负担的税收相对比例更低。

对于穷人来说，生活必需品的购买消费是必须支出，随之支付的税收是"被动的税收"，这种累退性显得不够公平。

税收原则析论

主动的税收和被动的税收

"主动的税收"和"被动的税收"也许是一种新的分类,在这里提出主要是区分缴税是纳税人选择的余地大、主动选择或是选择的余地小、被动接受。

居民选择的余地大,主动选择缴税成为纳税人,就是"主动的税收"。比如:由于汽车并不是生活必需品,是否购买汽车,个人、家庭选择的余地很大,如选择购买,车辆购置税就在买车的交易里,购买方选择购买汽车就能判定他有税收负担能力,缴纳的车辆购置税就属于"主动的税收"。

居民选择的余地小,被动接受作为纳税人缴税的,就是"被动的税收"。如居民个人必须工作从而取得报酬维持基本体面的生活、必须拥有住房保证基本舒适的居住等如需缴税,居民个人选择的余地很小或没有选择余地,就属于"被动的税收"。

"被动的税收"对公平的要求要高于"主动的税收"。

税收公平

"公道自在人心",公平有没有衡量的标准,应该是有的,但能否被具体量化和计量呢，应该是不能。公平是一种因比较而得出的主观判断和个人感受，但社会环境、社会心理等因素都会对个人的判断、感受有重大影响，每一个人的判断和感受不一样，但社会会有一个基本的评判。

绝对公平并不存在，公平是相对的也是具体的，不同的发展阶段、不同的社会形态对不同的社会事物都有其公平的评判标准和具体含义，税收公平也不例外，符合"人心（性）"便可以认为公平。

公平没有最好，只有更好，税收公平也一样，我们要在税收的立法、执法、司法全过程各方面全面贯彻"税收公平原则"，努力让人民群众在每一项税收法律制度和税收政策制定、每一项税收执法决定和税收管理措施实施、每一宗税收案件裁决处理中都感受到公平正义。

是否公平由谁评判？既不是立法者、执法者，也不是司法裁判者，而是人民群众；人民群众不仅是直接的当事人，也不仅是利益相关方，而是全体人民。

立法即税收法律制度和税收政策制定，相对执法、司法处于基础和主导地位，在这里对我国税收立法中坚持和贯彻"税收公平原则"作重点讨论。在税收立法中坚持和贯彻"税收公平原则",除对税收公平的一般理解外,还要坚持好税收(公平)的人民性、科学性、时代性和操作性。

税收公平的人民性

坚持税收(公平)的人民性。国家需要税收归根结底是人民需要税收,国家税收实则也是人民税收,"为中国人民谋幸福,为中华民族谋复兴",除人民的利益外,我们党和国家没有自己特殊的利益,国家利益、长远利益与人民利益高度一致,税收"取之于民用之于民",人民税收为人民。任何税收法律制度和税收政策的制定,第一标准就是人民标准,就是要看是否符合人民的整体利益和长远利益,就是要看绝大多数人民群众是否能够理解、接受和高不高兴、答不答应。

税收人民性是税收公平的基础和前提,税收违背人民利益意志、"苛政猛于虎",导致政府垮台、改朝换代、国家灭亡,在中外历史上并不鲜见。

税收人民性和人民标准不是概念性和空洞的,而是具体和实在的,也是历史和与时俱进的,坚持税收人民标准,有两个关键问题。

一是如何判断和谁来判断，增税减税、纳税人权利义务增加减少，是否符合人民的整体利益和长远利益。

二是如何确定和谁来确认，增税减税、纳税人权利义务增加减少，绝大多数人民群众是否能够理解、接受和高不高兴、答不答应。

处理好这两个关键问题，一方面是程序性的，主要应该是贯彻好《立法法》，严格坚持权限和程序的规定；另一方面是主体和内容方面的，最为重要和最为核心的是在立法机关要有一大批忠诚于党和人民税收事业的税收立法领导干部和专业人才。

税收公平的科学性

坚持税收（公平）的科学性。税收是一门科学，有自身的特点和规律。税收是国家组织财政收入最主要的方式，但不是唯一的方式，对用其他方式组织财政收入效果更好就无须选择用税收，如没有则要尽可能选择用税收。我国当前如何处理好税费关系仍然有很大空间，很多收费实质上具有税收性质，应积极推进"费改税"改革。

税收原则析论

在税收组织财政收入和调控经济、调节收入的职能把握上，要防止税收"工具"作用扩大化，把税收运用到不适宜或作用很小的领域。国家通过税收组织的财政收入属于"公共收入"，这就决定了财政支出的公共属性，财政支出的公平对税收公平有直接影响，这虽然不是"量能负担"税收公平学说考察的重点，但在财税实践中也要重视它们的内在联系。

选择对什么征税、在什么环节征税决定税种、征税对象和计税依据不同，对经济社会的作用机理各异。选择使用什么税率、税率如何适用和税率多高，影响组织收入的规模和纳税人的感受，影响机理和程度不同，其中都有与税收公平高度关联的税收规律。

直接税不同于间接税，对收入征税不同于对财富征税，对生产销售者征税不同于对购买消费者征税，比例税率作用效果不同于累进税率的作用效果，主动的税收不同于被动的税收，起征点不同于免征额，不同的税收政策工具对公平的影响不同，规定减税免税有时可能顾及了这方面的公平又产生了新的不公平，等等。

税收公平要求税收科学立法。

税收公平的时代性

坚持税收（公平）的时代性。税收是社会经济生活的一部分，税收公平具有鲜明的时代特征。

在国家公共服务水平很低、工商业极不发达的年代，征收人头税和田赋可能是公平的，社会发展到一定程度再征收可能就不再公平。

在农业社会和工业化初期，征收农业税和屠宰税是公平的，到工业需要反哺农业、农村亟需现代化时期，再征收农业税和屠宰税就显失公平了。

在物资匮乏的年代，对生活必需品食盐单设一个税种征税可能是公平的，但在生活用品极大丰富后再保留征收就不公平了。

在以自行车为主要交通工具的年代，对自行车征税可能是必要的，到汽车普遍进入家庭后，对汽车征税才更为必要。

社会财富在哪些领域创造，每一个时代有自身特点；社会财富以什么形态体现，每一个时代也有不同。税收参与社会产品分配，主要是参与财富创造多的领域、环节的分配，参与财富主要存在形态的分配。

税收原则析论

在现代社会，第二、第三产业是征税的重点领域，非生活必需品是征税的重点产品，生产经营投资取得收入、收益所得是征税的重点环节，房产、汽车是征税的重点财富，这是税收时代性的体现，符合税收属性和规律。

无必要的税收没有谈公平的基础。

在迈向实现共同富裕的新征程中，税收不对低收入阶层征税、对过高收入适度调节又不至于伤害社会财富创造积极性，应该是公平的。

税收公平的操作性

坚持税收（公平）的操作性。实现税收公平，首先要对什么是税收公平有全面准确理性的认识。税收公平理论观点多样，主流的观点是什么、赞成什么、推崇什么，必须旗帜鲜明，以鲜明的理论、权威的观点、有效的形式向群众宣传，引导社会达成共识。这是非常重要的基础工作。

税收是否公平，感受的是人民群众，最终的评判也是人民群众，这就要求税收法律制度不但规定要体现公平，更要求体现公平的规定和实施必须一致，规定显得公平但不能实施或实施不一致，可能比没有公平规定危害更大。

在确保税收法律规定与实施一致、增强税收公平操作性方面，至少要抓住以下三个方面的重点。

一是培养一批有理论素养和实践经验的高素质税收立法人员，在科学立法上下功夫。

二是税收法律规定要尽可能简明准确，充分利用技术手段和确定性依据，精准定性表达和定量表述，压缩自由裁量空间。

三是充分考虑税务机关征管手段和征管能力，税务机关实施不了的规定，即便可能公平也不能出台。

第二篇
确实原则

第二篇　确实原则

"确实"是极其重要的税收原则，早在我国西晋，典农校尉傅玄就有"赋役有常，而业不废"①的认识，"有常"即"确实"。"确实"是亚当·斯密税收四原则之一，他认为，"每个国民必须缴纳的赋税应当是确定的，不能是随意决定的。缴纳的时间、方式和数额，对每一个纳税者及所有其他人都应当清楚明白的"。②

"确实"是税收"确定性"特性在税收实践中的表现。按亚当·斯密的论断，"确实"包括"缴纳的时间、方式和数额"的确定，"缴纳的时间、方式和数额"不但"每一个纳税者应当清楚明白"，"所有其他人都应当清楚明白"。

确实、确定和税收法定

让"每一个纳税者清楚明白"税收"缴纳的时间、方式和数额"比较好理解，也很有必要，但为什么要让"所有其他人"

---

① 王成柏，孙文学. 中国赋税思想史［M］. 北京：中国财政经济出版社，1995：178.

② 亚当·斯密. 国富论［M］. 孙善春，李春长，译. 郑州：河南大学出版社，2020：603.

也应当清楚明白，需要认真探究，如何做到则更为关键。税收法定是重要答案和路径。

在税收原则理论中，"税收确实原则"和"税收法定原则"想要达到的目的大致是相同的，都是强调税收必须事先确定，但表达方式和侧重点有所不同。"税收确实原则"重点强调的是"内容确定"，"税收法定原则"重点强调"内容如何确定"，是在认可"内容需要确定"的基础上"形式上需要法定"，并且包含"政府征税需要人民同意"的实质要求。

税收法定四层含义

税收法定一般有四层含义：第一，任何税收的课征必须由法律规定；第二，税制要素、征管程序必须法定并尽可能明确；第三，征税机关必须依法征税，不得擅自变更；第四，纳税人必须依法纳税，并依法享有法定救济。我国《立法法》第八条第（六）项关于"税种的设立、税率的确定和税收征收管理等税收基本制度""只能制定法律"的规定，是"税收确实原则"和"税收法定原则"在税收立法中的体现和贯彻。

税收法定的意义

税收无偿占有纳税人财物，需要通过法律规定获得国家强制权力保证。政府征税权力来自人民授权，必须与人民达成一致（立法机构通过）形成法律，获得征税正当性和形成广泛社会共识。不仅如此，税收法定和税收确实至少还有其他两方面的重要意义。

一方面是不危害社会再生产和财富创造。"税收一旦产生，便成为社会再生产的一个构成要素"[①]。社会再生产的每一个参与者在谋划生产经营活动时，税收就成为不可回避的因素，如果税收不确定，他预测的盈亏、评估的风险就靠不住，预期不确定必然降低社会再生产活跃程度，影响社会财富创造的积极性，等等，社会危害极大。反之，如果需不需要缴税、需要缴多少税，甚至是什么时候缴税、如何缴税都是确定的，那么社会再生产和财富创造就会按自身规律运行，税收对经济活动的扰动和引发的福利损失就可能降到最低。

---

① 国家税务总局税收科学研究所. 西方税收理论［M］. 北京：中国财政经济出版社，1997：54.

另一方面是不使征税人员腐化。亚当·斯密指出，如果税收不确定，"每个纳税人或多或少为税吏的权力所左右，税吏会乘机向其讨厌的纳税者加重税额，或以加重税额为恐吓，勒索财物或贿赂。赋税的不确定会鼓励税吏的专横，促进他们的腐化，导致这一类人到哪里都不受欢迎，即使他们并不专横或腐化，也会是这样"[1]。反之，这些问题都会因税收的确定而减少或避免。

因此，"在课税中，每一个人纳税的确定性是一件极为重要的事情，从所有国家的经验来看，我相信，极大程度上的不平等也不及极小程度上的不确定的危害那么大"[2]。

决定"税收确定"的因素主要有五个，分别是税制、税法、税控、税收和税局。

税收确定——税制

税制，在这里主要指税制结构，包括税种属性及构成、税种

---

[1] 亚当·斯密. 国富论 [M]. 孙善春，李春长，译. 郑州：河南大学出版社，2020：603.

[2] 亚当·斯密. 国富论 [M]. 孙善春，李春长，译. 郑州：河南大学出版社，2020：603.

多少及构成、税制要素及构成等。复杂税制的确定性比简单税制差，税种多的确定性不一定比税种少的差，要看具体税种的功能和政策取向；税制要素构成内容越多，税制越复杂，确定性就越差。

税制复杂与简单，影响的因素比较多，主要看对税收的功能定位、职能作用的认识和运用。

就单个税种来看，征税对象越单一，功能越集中，就越有可能把税法制定得越清晰明确，越能保证税收的确定，如我国的车辆购置税、烟叶税。

就整体税制来看，选择功能单一、集中但又各不相同的较多税种组合，还是选择税种功能全面的较少税种组合，对税收确定性影响大不相同。对某个税种不分主次赋予多种功能会严重影响税收的确定性。

税种多少和税制复杂、简单不是一回事。在现代社会，税种太少不现实，功能互补、结构优良的简单税制，经过努力应该是有可能实现的。

以组织收入为主要功能的税种，不否认可以用于调节收入和调控经济，但一定要认真权衡利弊、分清主次，要非常严格和慎

税收原则析论

重抉择。

一个税种是否是以组织收入为主要功能，不能简单地以收入规模来判定。对某个税种是否对收入有调节、对经济有调控作用，也要区分是主动采取措施的结果还是受实现组织收入主要功能的影响，两者的出发点不同，对税收确定的影响肯定也不会一样。

以调节收入和调控经济等社会政策为主要目的的税种，要尽可能地聚焦主要调节、调控的对象，也不要期望用税收就能解决全部问题。

一个税种需要实现的功能越多，纳税人分类就可能要越细，计税依据可能就需要有加计抵减、加计扣除，税率可能就要分成若干档次，减税免税项目可能就不能少……各种情形要规定得清楚明白很难做到，这显然就会增加税收的不确定。

间接税的确定性是不是比直接税好，这倒也不一定，得看具体的税种。决定计税依据的因素多，确定性就差一些，如影响增值税计税依据的因素包括应税销售额、销项税额、抵税凭证及进项税额等，确定性就不如消费税；如影响企业所得税计税依据的因素包括应税销售额、成本费用、扣税凭证和扣除标准及税前扣除额等，确定性就更差一些。

税收确定——税法

税法，是税制的载体，是文本条文法规化了的税制，包括有效的税收法规政策，涵盖税收法律、行政法规、地方性法规、规章和规范性文件，在这里侧重指税收实体法[①]。

税收法定水平越高税收确定性越高。税收法定有狭义和广义的理解。狭义仅指税收由法律规定；广义则指除由法律规定的情形外，由行政法规、地方性法规、规章和规范性文件分别就各自规范的对象进行规定。

一般情况，立法层级越高税收越确定。提高税收确定程度，就需要全面推进税收法定进程，全面落实税收法定要求。

关于我国税收法律规定的事项。我国《立法法》（2015年修正）规定，"税种的设立、税率的确定和税收征收管理等税收基本制度"只能制定法律，这明确了法律规范的范围。尽管对这一

---

① 一般指包括税种、纳税人、征税对象、纳税环节、税率、减税免税等税制要素的税收法规。

税收原则析论

规定在法律通过时有一些不同的意见，但有的已经在立法实践中得到了较好解决，如从已经实施的税种税法文本分析，"税种的设立、税率的确定等税收基本制度"的含义是明确的，包括纳税人、征税对象、纳税环节、税率、减税免税等基本的税制要素应该没有大的争议。

我国的税收立法虽然取得了积极进展和显著成效，但立法任务仍然很重。如，《税收征收管理法》未完成修订；在我国开征的18个税种中尚有4个未完成立法，包括消费税等主要税种。

关于我国的其他税收法定事项。税收"缴纳的时间、方式和数额"都由法律规定显然做不到，还有很多事项需要由行政法规、地方性法规、规章和规范性文件规定，其中有几个重要问题。

一是税权高度集中在中央。征税属国家行为，税收又是"社会再生产的一个构成要素"，对在全国统一市场配置资源有重要影响，税收权属于中央，地方——仅指省级，只能对包括法律授权的中央授权事项作出具体规定。这是税收特性和我国国情决定的，推进"完善地方税体系"，也必须要坚持"税权高度集中在中央"的原则。

二是提高适用的法规层级。法规层级越高越具稳定性，税收也会越确定。除法律规定外的征税、减税、免税和其他优惠措施，以及增加纳税人义务、减损纳税人权利的重大事项，都应该通过行政法规规定，对地方的授权事项也应要求通过地方性法规或省级政府规章规定。

国务院财税主管部门规章只应规定一些程序性、操作性的规范，国务院财税主管部门和省级财税主管部门规范性文件只应作一些解释性规定，税收法定事项单独制发税收法规。除税收法律规定之外，税收法定事项适用的法规形式都要限制在这一范围。努力提高规范税收法定事项的法规层级，对提高税收确定性非常必要。

三是严格控制规范性文件。当前我国税收法规体系中，规范性文件不规范、范围宽、量过大、系统性较差可以说是顽瘴痼疾，层级过低、权威性不够问题也比较突出，如重大税收政策调整经政府同意以财税部门规范性文件印发，印发对象没有行政相对人但对行政机关和行政相对人都具约束力，不公开发布而在行政机关内部层层流转，等等，"财税字"文件是突出的表现。向社会发布"公告"应该是规范性文件的主要形式，同时要严格控制省级财税主管部门税收规范性文件规定事项,地市级以下财税主管部门一般不宜制定税收规范性文件。

关于税法适用。税法适用同其他法律适用的基本原则是一致的,就是上位法的效力高于下位法。同位法中特别规定与一般规定不一致的,适用特别规定。同位法中新的规定与旧的规定不一致的,适用新的规定。

不溯及既往,但为了更好地保护公民、法人和其他组织的权利和利益而作的特别规定除外。

税收确定——税控

税控,在这里是指税源管控的措施、手段。税源是按税法规定应该征税并以计税依据表现的社会生产、交易、财富等。税控连接税法、税源成为税收,连接越有效,税收越确定。

税源是纳税人的财富,依法纳税是纳税人的义务,但如果没有有效的税源管控措施、手段,税源不会自愿、自动成为税收,税收强制也会落空。要确保税法落实,使税法规定与实施一致和税源成为税收,必须实施有效的税源管控,这是税收确定性的要求，也是税收法治的要求。

税源存在和表现的形式多样，但都有共同的特征，即数据。税源管控的措施和手段包括两种，一种是制度，另一种是技术。税源数据，由纳税人交易形成，不同纳税人、不同税种的税源数据存在必然的逻辑联系，这是"技术＋制度"管理管控的基础。在技术不发达的年代，主要也只能依靠制度，管控效果比较有限。在技术高度发达的今天，"技术＋制度"的管控方式成为可能。

数据、技术和制度是税源管控三要素，涵盖纳税人、税务机关和第三方。我国自20世纪90年代开启的税务信息化建设，与全社会技术进步和数字化变革同成长，税源管控基础已经形成，管控能力有了极大提高，但离管控体系成型、发挥应有效益还有艰苦的工作要做。

需要以税源管控"必需"原则通过制度规定数据范围，改变数据范围规定层级低、零散、不系统、不够确定、不够权威等问题。

需要以技术运用和制度安排推进数据生产数字化，重点是在夯实法人、自然人"实名制"基础上推进不动产资产全量登记数字化、大额货物劳务交易发票数字化和资金收付数字化、会计核算电算化，做实税源数据基础。

需要以技术运用和制度安排推进数据采集（共享）、存储、加工、运用规范化、标准化，统筹技术运用和制度完善，形成税源数据运用体系和法规体系，建设"以税收大数据为驱动力的具有高集成功能、高安全性能、高应用效能的智慧税务"①，实现"精确执法、精细服务、精准监管、精诚共治"，促进和支撑税收的确定。

税收确定——税收

税收，在这里指税收收入。税收收入由税法、税源、税控共同决定，应收要尽收，不能有税不收或少收，不该征收的要坚决不收，也不能提前征收和延后征收。这看起来名正言顺，但要做到并不容易，我国的税收收入管理有几个重要方面影响税收的确定。

---

① 中共中央办公厅、国务院办公厅印发的《关于进一步深化税收征管改革的意见》（2021年）。

一是税收收入与经济增长的关系。经济决定税收，税收收入与经济增长存在一定的比例关系，在税法和税控措施既定条件下，经济增速快、税收收入增幅高，反之也一样，但这要从长期看。

由于当期税收收入是上期税源的反映，匹配的是上期（上月、上季甚至是上年）的经济税源情况，短期如一个月、一个季度甚至一个年度看就不一定。如果看不到这一点，片面强调税收收入增幅与经济增长在即期保持相当比例关系，有税不收或收"过头税"等影响税收确定的情况就难以避免。

二是财政预算收入中税收收入指标的属性。税收收入是财政预算收入最主要的部分，税收收入预算编制应当与经济发展水平相适应，与税收法规政策相衔接。

立法机关审议通过的预算收入，对相应的各级政府应该具有法定约束力，对其中的税收收入，需要相应的各级政府通过促进经济社会发展、依授权（仅指省级）依法调整税收政策、依法征税等综合措施确保完成。我国的税收收入预算对税务部门仅是指导性的，各级政府不得向预算收入征收部门和单位下达收入指标。

税务部门履行依法征税职责，必须依照法律、行政法规的规定，及时、足额征收应征的预算收入。不得违反法律、行政法规规定，多征、提前征收或者减征、免征、缓征应征的预算收入，不得截留、占用或者挪用预算收入。

将税收收入预算作为指令性指标，必然干扰和影响税收确定性。

三是税收收入在税务机关工作评价中的位置。有的地方政府将税收收入作为指令性指标考核税务机关，有些税务机关也下达税收收入计划、考核税收收入完成，有的甚至强调税款"均衡入库"、以是否完成税收收入任务论英雄，这必然干扰和影响税收确定性。

四是税收收入与税务机关人员、资金等资源配置的关系。税务机关的人员配置应主要考虑管辖的区域、纳税人数量，资金和工作条件保障应满足执法服务监管需要，规定范围内的工作人员待遇应足额保障，工作质量考核、荣誉称号授予等也应主要考察执法服务监管成效，都不能简单与组织税收收入、完成税收收入任务挂钩。

税收确定——税局

税局，这里就是指税务机关。国家设立税务机关的最主要目的就是"收税"（现在也包括"收费"），"收好税"是税务机关的首要职责，"干好税务"首先是"收好税"，其他全部工作都需要围绕"收好税"这个首要职责开展，不能主次不分、平均使力。

在税务机关工作的每一个人，不论具体从事什么工作，都要把"收好税"融到血液里，以"收好税"或服务"收好税"为首要工作目标。

"收好税"首先是依法征税，涵义包括依照法律、行政法规的规定，及时、足额征收应征税收，不得违反法律、行政法规规定，多征、提前征收或者减征、免征、缓征应征税收，不得截留、占用或者挪用税收。

税务机关由中央垂直管理，是我国国家体制和税收属性的必然要求，是保障税务机关依法征税根本制度，除有利于税收确定性实现外，对维护全国市场统一等方面都有重要意义。

当前实行由国家税务总局领导为主与省（自治区、直辖市）

党委和政府双重领导的体制符合实际。在实际运行中,市、县(区)两级税务机关也"双重领导"和市、县(区)两级税务机关也由属地政府保障部分经费,应该理解为国地税机构改革的遗留问题,对税收确定性和依法征税的影响,需要重视和认真研究评估。"双重领导"到省不延伸到市县、经费由中央和省两级保障到位,可能更有利于税务机关依法征税和实现税收确定。

"税收法定原则"并不能等同于"税收法治原则","税收法治原则"有更深刻的涵义。"税收法治原则"要求在税收各方面、全过程坚持和贯彻法治,税收法定的税法是公平、合理、有效率的良法,依法治税是保障、激励、服务依法征税、缴税的善治。税收法治要贯穿在每一个具体的税收原则中,贯彻了法治原则的税收才是好的税收。

第三篇
便利原则

"便利原则"是税收缴纳便利原则的简称,是威廉·配第税收三原则、亚当·斯密税收四原则中的一个重要原则。威廉·配第有关税收缴纳"便利"的思想如同"公平""节省"的思想一样体现在他有关赋税的论述中,威廉·配第税收三原则是后人的总结。亚当·斯密税收四原则是其《国富论》中的专门论述。在亚当·斯密的论述中,"便利"是指"各种赋税征收的日期和方式应当为纳税人提供最大的方便"。

便利辩

现代税收"便利"的内容除征收缴纳的日期和方式外,应包括与纳税人缴纳税收有关的需要办理的全部事项,如纳税人基础信息确认事项、发票使用事项、税种税款确认申报缴纳退税事项等。办理这些事项所需的资料、办理的方式、时限、规范等要求不尽相同,但内涵要求都应该是"为纳税人提供最大的方便"。

我国持续深化"放管服"改革和不断推进国际化、法治化、市场化营商环境建设,税务部门以纳税人为中心担当尽责,狠抓推进落实,如连续十多年开展"便民办税春风行动",每年推出

税收原则析论

数十项、近100项具体举措持续改进提升，税收领域"放管服"改革和优化税务营商环境取得了显著成效，截至2024年上半年，新开业纳税人登记办理时间压缩至1天以内，税务行政许可事项减至1项，200多项税务事项可以全程网上办，一类、二类企业出口退税平均办理时间压缩至3个工作日以内，其余企业压缩至6个工作日以内……纳税人满意度持续提升。

"为纳税人提供最大的方便"只有进行时没有完成时，"最大的方便"只有更方便没有最方便，加上税收法规政策和征管制度规定变化、技术手段更新、税务人员变更，以及纳税人新设、纳税人业务变化、办税人员调整，等等，"税收缴纳便利"更是一个持续改进的过程。

"税收缴纳便利"是一项重要的税收原则，是否越便利就越好呢？不一定，它应该有个前提、标准，就是不能严重影响其他税收原则的实现，不能损害税法遵从，不能使征管成本过高，要与有效精准监管达成平衡。

有人可能认为，研究"税收缴纳便利"应该在税制、税法既定下推进，这并不全面，要看到很多税收缴纳不便利的源头就在税制、税法。研究推进"税收缴纳便利"，需遵循税收特性和内在规律,以纳税人需求和问题为导向,从税法制定到税法遵从系统研究、综合施策,久久为功。

税种与便利

税种越多越不便利,特别是具体到每一个纳税人,一个纳税人缴纳的税种越多越会觉得不便利。在我国现行税制中,税种减并是有可能的。

最容易减并的税种是烟叶税。可以把烟叶税并入消费税,将征税范围内的烟叶作为消费税的一个品目,税率、征税办法、收入归属等不变,这样从国家和社会层面看,税收功能不变,减少一个税种有明显的政治和社会效能。从纳税人一侧看,收购烟叶的纳税人一般也是卷烟(销售环节)消费税的纳税人,分不同品目一并办理消费税纳税事务即可。至于收入归属则完全可以通过信息系统控制缴入不同预算级次的国库。

印花税除证券交易改为"证券交易税"保留外,其他征税品目建议认真研究后取消,理由:一是遵从成本比较高;二是财政收入意义不大,取消后减少的收入,可以通过现行印花税纳税人缴纳的其他税种政策调整补偿；三是也看不出有特定的调节收入和调控经济的作用。

以土地、房产和汽车为征税对象的税种比较多，应该有减并空间但比较复杂，仅从便利角度研究远远不够。

纳税人与便利

一个纳税人的一点不便利，越多的纳税人就会累积越多的不便利，量的增加，也可能发生质的变化。经济发展、市场主体多、纳税人增加是好事，必须为这些有效的纳税人提供便利的纳税服务。但不是所有的市场主体都有必要成为纳税人，要从税制源头上控制纳税人数量，使纳税人都是有效纳税人，即有能力纳税的市场主体。

我国现行税制中，无效纳税人突出表现在增值税和个人所得税两个税种。解决办法是，在以后的增值税税制完善中，将不达现行增值税起征点规定的业户排除在增值税纳税人范围之外，大幅减少增值税纳税人（属于现行税制中的无效纳税人），同时也不再对这部分业户征收个体工商户经营所得个人所得税。这部分业户的功能主要是就业和为周边居民提供生活服务，其收益一般仅能维持业主和从业人员的基本生活，对他们不征增值税和所得税，国家整体效益最优。

对规定收入规模以下（如现行增值税起征点以下）不是增值税纳税人的业户，规定允许使用没有增值税抵扣功能的发票，这当然会限制这部分业户的销售对象，影响它的发展，这正是制度安排的效果，无须纳税就说明不可能做得太大。对需要发展、做大的业户，允许自主选择作为增值税纳税人，使用有增值税抵扣功能的发票。这么处理还给进一步优化增值税税制、不再区分一般纳税人和小规模纳税人提供了可能。

纳税期与便利

纳税期分不同的税种有3天、5天、10天、15天、1个月、1个季度、半年、1年等规定，纳税期越短越不便利。规定3天、5天等短于1个月为一个纳税期的初衷，是及时组织财政收入，但就我国当前的税源分布和财政状况已没有多少实际意义，对按期纳税且纳税期短于1个月的规定和做法应该研究废止。

近年来，我国减并增值税小规模纳税人增值税纳税期为1个季度、房产税和城镇土地使用税按半年缴纳征收等纳税便利化措施，社会效果极好。进一步优化纳税期仍然有较大空间。

对于增值税、消费税等税种，大部分纳税数额不大的纳税人都可以规定按季或按半年缴纳征收，按月纳税征收的仅限于纳税数额大的少部分纳税人。

对于企业所得税，按月、按季预缴的应严格限制在税额特别大的少部分纳税人，对中小企业直接按年申报缴纳免除分期预缴。

税收优惠与便利

税收优惠项目越多便利性越差，税收确定性也越不好，税收的遵从成本也越高，特别是临时性的税收优惠措施。

税收优惠降低宏观税收负担，那就说明在税收立法时确定的税负水平留有降低空间，也反映了将税收作为重要的宏观政策工具，以相机抉择方式使用，特别是临时性税收优惠措施，控制在一定范围、数量、精准施策这当然是必要的。

不讨论必要和针对性，如果税收优惠政策的数量过大，执行的时间只有1年甚至更短，可以想见要精准、及时落实这些税收优惠政策并做到直达快享，税企学习掌握、新旧政策业务衔接、信息系统变更调整、核算统计等不得不做、不得不做好的工作都非常多非常难，都增加了"不便利"。

税收优惠政策适用全面实行由纳税人"自行判别、申报享受、资料留存备查"方式，是我国深化"放管服"改革、取消行政审批的重大成果，是税收便利的重要措施，必须长期、全面坚持。税务机关应该辅导纳税人提高"自行判别"的能力，提升"申报享受"的质量，确保"资料留存"的完整，但不能事前"审查"或设置其他障碍，后果由纳税人自行承担。

我国2020年的宏观税负已经降为15.2%，比2015年的18.13%降低了近3个百分点，随着2021年、2022年一系列减税政策的出台，实施进一步减税的空间减少，将现有税收优惠政策择优上升为法律长期执行，增加税收确定性、便利性，可能是比较好的选择。

从长期看，要注重回归税收组织财政收入的本质，更为慎重地把税收作为短期宏观政策工具使用。在设计税制和税收立法时，合理确定税负水平，压缩税法实施后相机实施税收优惠的空间；在设计税制和税收立法时，合理确定优惠项目和范围，压减之后相机实施税收优惠的必要；在设计税制和税收立法时，严格实施税收优惠的权限和情形规定，提高相机实施税收优惠的门槛和质量。

发票使用与便利

国家为什么要把发票交由税务机关管理？主要是因为发票记录的核心数据是重要的计税依据，发票是税源管控的重要手段。但发票还有另外的重要功能，它是货物劳务交易、支付列支交易款项的重要凭证。因此，税务机关在管理发票时不能仅考虑税源管控需要，更要考虑发票使用的便利，满足市场主体开展生产经营需要，平衡两者需要是对税务机关治理能力、服务水平的极大考验。

"发票使用管理"是税务机关除征税以外负责的最主要也是最重要的经济社会管理活动，税务机关应加大资金、人力的投入，作为以数治税、智慧税务建设的优先领域。

经过多年持续不断改进，我国纳税人和社会对发票使用便利总体满意，但仍然有不少的问题，痛点和难点主要集中在通过税务机关管控的信息系统开具的发票。

一是关于数据要素和格式样式。以数据要素（如购销双方纳税人识别号，货物劳务名称、数量、金额、税率、税额等）定义发票，以信息系统记录确定发票真伪，发票的格式、样式、联次可以多样化，相对统一。

二是关于纸质发票和电子发票。中共中央办公厅、国务院办公厅印发的《关于进一步深化税收征管改革的意见》明确，制定出台电子发票国家标准，有序推进铁路、民航等领域发票电子化，2025年基本实现发票全领域、全环节、全要素电子化。《关于进一步深化税收征管改革的意见》指出，大力推进会计核算和财务管理信息化，通过电子发票与财政支付、金融支付和各类单位财务核算系统、电子档案管理信息系统的衔接，加快推进电子发票无纸化报销、入账、归档、存储。逐步减少和适时取消格式化的纸质发票，是发票使用便利化的重大举措，要全力推进落实。

三是关于一个系统和多个系统协同。一个系统可能比较容易维护，但也许难以满足不同类型纳税人、不同应用场景的需要。有增值税抵扣功能的发票和无抵扣功能的发票，区块链发票和运用其他防伪控制技术的发票，运输业、银行保险业等特殊行业发票，机动车、成品油等特殊商品发票，个体工商业户及其他面向消费者开具的发票，等等，如果都整合由一个系统支撑保障，似乎不太现实。基于当前增值税发票系统、电子发票系统、区块链发票系统、特殊行业发票系统并存的现实，按多个系统协同满足多运用场景多样化需求、以核心数据整合满足税收精准监管的思路进行研究部署可能比较符合实际。

四是关于交易即开票。发生交易不开发票是税源管控的最大漏洞，通过有奖发票或者退税等方式鼓励消费者索取发票会有效果，但效果有限。如果电子发票系统能够对接纳税人交易系统、快捷支付系统，实现交易即开票（产生电子发票数据），那么税源管控和发票使用便利将实现双赢。

五是关于最高开票限额行政许可。最高开票限额是指每份发票可以开具的最高数额。"增值税防伪税控系统最高开票限额审批"列入了《法律、行政法规、国务院决定设定的行政许可事项清单（2022年版）》。需要研究的是：使用其他系统开具发票没有列入行政许可事项清单，如何控制"最高开票限额"。如果技术手段能够控制或有其他更简便的办法，列入了行政许可事项清单的"增值税防伪税控系统最高开票限额审批"就可以研究取消，如能取消肯定就会更便利纳税人。

全部发票通过税务机关管控的信息系统开具，是目前的主要做法也是近期必须要实现的目标，手写发票和格式定额发票虽然便利但已经陈旧过时，不利于税源管控，少数地方和领域在用的需尽快废止。

数据资料收集报送与便利

数据资料是税收管理的基础，"以数治税"依据的就是这个逻辑。数据资料收集报送与税收缴纳便利关系极其密切，数据资料多、标准不统一、重复收集报送是当前影响税收缴纳便利的突出问题，收集报送的渠道、方式对税收缴纳便利也有极大影响。在这里先重点讨论"收集"问题，"报送"问题在之后的申报缴纳中讨论。

研究数据资料收集有这么几个问题，一是谁收集，二是收集谁的，三是收集什么数据资料，四是收集渠道方式。

谁收集，无疑是税务机关。在税务机关内部应该是接受纳税人纳税申报的税务机关为主、各相关税务机关协同负责。收集主体要明确，责任要明确。

收集谁的，似乎很确定就是收集纳税人的。当前的税务管理一般以税务登记为起点，其实可能不一定，需要认真研究。如不纳税的很多法人、自然人就需要发票服务，往深一步想，税务机关税费同征同管以后，几乎涉及所有法人、自然人。因此，可能是所有的各种类型的法人成立、自然人出生后都需要按"一户式"归集、存储数据的思路，赋码收集它的数据。

收集什么数据资料，肯定要与税（费）和发票管理有关，包括基础的户籍资料、动态的与税务管理有关的数据资料，否则税务机关就越权越界。具体要坚持高度相关、确实必须、不重复等原则，规定范围、标准、规范，以数据为主，文字图像作补充，所有税（费）服务管理事项共享共用。

收集的渠道方式：一是部门数据共享，二是发票使用，三是税（费）申报缴纳，四是税务机关监管。

数据资料收集并非小事，对税收缴纳便利影响的认识需要提高，在税务管理中的基础性地位要进一步树牢，数据规范性差、质量不高等问题要认真研究解决，进一步打牢以数治税的基础，进一步提升纳税便利化程度。

纳税申报、税款缴纳与便利

纳税人自主申报纳税是现代税收征管的一大特征，是纳税人履行纳税义务的具体体现。申报纳税、缴纳税款既是税款实现的重要环节，也是收集纳税人动态数据的重要渠道。

纳税人申报、缴税有一种"我为国家缴税做贡献，你必须给我好的服务"的预期，税务机关必须认识到这一点，给予纳税人尊重和便利，提供优质服务，不能让纳税人有"给国家缴税怎么还这么复杂、这么难"的体验。这里重点讨论五个方面的问题。

一是按次纳税。能按期申报纳税的不实行按次纳税，如"合同"和"营业账簿"的印花税就不应"按次纳税"。按次纳税仅限于缴税是整个事项其中的一个环节并以缴税为推进事项后续环节办理的前提的情形。按次纳税因相关业务系统的控制而发现、发生，缴税是推进事项办理的前提，直接办理税款缴纳（征收）即可，无需再要求纳税人办理纳税申报手续。

二是委托代征。委托代征可以便利纳税人，是对税务机关征管和服务能力不足的一种补充，但谁能委托、能委托谁、委托受托双方的权利义务、信息系统支撑、纳税人认可等相关规定和措施不够完善，实际开展得也不够审慎、规范。随着税务机关能力提升，委托代征即便不能全部取消也应更加严格、规范、减少，如只对按次缴税的自然人的部分应缴税款保留委托代征。

三是核定征税。核定征税对纳税人无疑是便利的，但在当前经济和税制条件下，定期定额征收增值税及附加税费应该终结禁止。这首先是因为增值税起征点提高了，达到起征点需要缴纳增值税的业户都有一定的规模，一般也使用发票，具备自主申报的条件；其次是定期定额核定方式下，税务人员的自由裁量空间过大，也诱使纳税人"因为有定额不自主、如实申报"等问题发生，有自行申报的必要；再就是随着以数治税实施，税务机关掌握的丰富数据可以有效监控纳税人，促使其最大限度如实申报。

对不达增值税起征点的业户则更不需要核定，当前一些地方需要核定的安排和做法，完全无任何实际意义。对这部分业户需不需要申报倒是一个问题，要求申报则这些业户太小不具备条件，申报后也达不到起征点征不到税；不要求申报又不能判定其是否达到起征点。但问题总是能够解决的，如前所述，将这些小业户排除在增值税纳税人之外就可以了。

其他形式的核定征税虽然可能是便利的，但也要压减直至全部取消。

四是自主申报。法定代扣代缴的税收，纳税人不再申报应是一般规定，如证券交易印花税；纳税人需要再申报是例外，如需汇算清缴的工资、薪金等综合所得个人所得税。

按期纳税的税种和纳税人需要自主申报纳税，这是纳税申报的主体，需要研究三个问题。

第一，能多税种一并申报的不单税种申报。我国2021年实现了财产行为类十个税种合并申报和增值税、消费税与附征的城市维护建设税、教育费附加、地方教育附加合并申报，极大便利了纳税人。便利无止境，便利既要放在心上，更要见行动见效果。

第二，能网上申报的不上门申报。经过多年努力，我国90%

以上的纳税人已经在省（自治区、直辖市）、计划单列市电子税务局网上申报，有的申报数据在电子税务局实现预填单，网上申报已经有了很好的基础。全国统一的电子税务局扩围上线，可以集中资源力量升级维护系统正常运行，保证纳税人良好体验。这当然需要有前提和条件，至少要做到：提供PC和移动设备服务，电子税务局与税务核心征管系统链接交互安全畅通。

第三，申报表数据项尽量简化。只申报应缴（应退）税额最简便，但满足不了收集数据实现精准税务监管，这就需要平衡税收缴纳便利与精准税务监管的关系。我国目前纳税申报的数据项，一般都包括应缴（应退）税款的计算过程，包括计税依据的构成，各项数据之间构成内在的逻辑审核关系，有的税种粗一些数据项不多，有的税种就比较细数据项很多，需要研究的是在税务机关已经掌握纳税人发票数据、已经收集了纳税人的财务会计报表数据的时候，纳税申报数据收集的策略。是重新收集一遍还是抽取核心数据进行验证？无疑应该是后一种思路。按这种思路，就要往做实用好财务会计报表数据、发票数据和做简纳税申报数据的方向努力。

五是税款缴纳和退税。税库银联网和纳税人、税务机关、开户银行三方协议签订以及微信、支付宝等快捷支付方式上线，税款缴纳已经非常便利，后续重点是保持系统运行稳定。退税便利化是进一步优化的重点，出口退税、增值税留抵退税、所得税汇算退税等依申请（申报）事项重点是简化申请资料、全程网上办理、研究系统自动审核审批压缩办理时间；误征退税等税务机关发现的应退税款，直接由税务机关按缴税原渠道退回即可，不能再要求纳税人申请。

第四篇
节省原则

"最少征收费用"即"节省"也是一个被普遍接受的税收原则。

税务行政效率原则

"节省原则"重点探讨税收征缴、税法遵从的资金花费（即"钱"）的问题，"节省"主要指国家的"最少征收费用"，也包括纳税人的"最少缴纳费用"，还可以统称为"税收成本"。

"便利原则"主要解决税款征缴、税法遵从的便利化措施（即"事"），"节省原则"与其既有区别又有联系，区别在于：一个是"钱"，另一个是"事"。税法便于遵从、税收征缴便利是相同的要求，"便利事少"花"钱少"就"节省"，反之"事多"花"钱多"就"不节省"。"便利原则"和"节省原则"也合称为"税务行政效率原则"。

亚当·斯密在《国富论》中关于"每种赋税的征收应有所安排，尽可能地使从人民那里征收到的钱，或者人民损失的钱不要多于国家得到的税收"的论述，一般被归纳总结为"节省"原则。

税收原则析论

不节省的四个原因

"如果从人民那里所征收到的钱，或者人民损失的钱远多于国家最终的税收"，亚当·斯密分析认为一般有四个方面的原因，其中第一（使用大批征税官吏，支付他们的薪水花掉了大部分税收，征税官吏还可能索贿受贿，增加人民的额外负担）、第四（为了避免税吏的频繁造访及令人讨厌的稽查，纳税者如果花钱摆脱这些不必要的麻烦、困扰和压迫，也是一种支出）方面的原因非常契合"节省原则"，我们作为重点在此讨论。另外两个原因，讲的主要是税收的"经济效率"问题。

贯彻"节省原则"，重点是减少国家的征收费用，对于纳税人的遵从费用，由于相对数额较小、分散且不容易计量，主要从"便利"、"确定"、便于遵从角度审视，因此"节省原则"也称为"最少征收费用原则"。

从五个方面节省

贯彻"节省原则"，减少国家征收费用，有五个方面需重点进行研究：一是必须合理设置税务机关，二是必须科学配置税务机关职能，三是税务机关必须高效，四是税务干部必须廉洁，五是社会必须协同共治。

合理设置税务机关

不同的国家性质和国家体制设置税务机关会有不同。我国目前在县（市、区）以上按行政区划设置由国家税务总局领导为主的不分"国家税务局"和"地方税务局"的税务机关完全符合我国实际，是税权集中在中央的体现。

一是支撑1994年配套"分税制"改革实施的分设"国家税务局"和"地方税务局"的依据和理由已经消失。全社会法治意识普遍增强，中央权威和集中统一领导大为增强，国家治理体系和治理能力现代化取得显著进步，中央政府监管手段和监管能力完全能够保证税收收入按规定的预算级次及时完整入库。

二是纳税人最多只需要一个税务机关。依法纳税是纳税人的义务，为纳税人提供高效便捷的服务是国家和政府的义务，就"履行纳税义务"一个事项让纳税人向多个税务机关办理（"多头跑")肯定谈不上"高效便捷",与建设市场化、法治化、国际化营商环境更不相适应。对于市场主体来讲,履行纳税义务如果不得不与税务机关打交道,那最多就在一个税务局,这个要求不过分,需要尽力满足和实现。

三是县以下需不需要设立税务机关。从现状看,这是一个既确定又不够明确的问题。说确定有三个理由:第一,县(市、区)税务局一般都设有若干派出机构性质的税务分局或者税务所;第二,现行税收征管法也赋予税务分局、税务所一定的税收执法权;第三,税务主管部门一般也称我国税务机关分总局、省(自治区、直辖市)局、市(州)局、县(市、区)局和乡镇税务分局(税务所)"五级"。

说不确定的理由也有三个:第一,县(市、区)税务局一般都按经济区划设置(几个乡镇、街道合并作为一个区域)税务分局(税务所),不按乡镇、街道行政区划设置。第二,全国各地设置数量差异巨大。有的县(市、区)区域很大、经济发达,不在乡镇设置税务分局(税务所),税收执法、纳税服务做得也很好;有的县(市、区)区域不大、经济落后,在乡镇设置多个税务分局(税务所),这样的结果有历史原因,也有认识不统一和设置规定有一定的灵活性的因素。第三，税务分局（税务所）一般不是预算单位、不具完全法人地位，作为一级税务机关极其"勉强"。

县以下需不需要设立税务机关需要讨论研究予以进一步明确。按"节省原则"考量和建设高效税务机关要求，"不设立"应成为"一般规定"，"设立"则为"例外"，全面重组优化县（市、区）局内部机构、岗责，把县（市、区）局作为直接面对纳税人的最后一级执法服务主体做实做强。

"例外"的情形考虑就一种，即在距县城很远如60公里以上、纳税人集聚如缴税户1000户以上的区域，可以设立税务分局（所）。

四是各类开发区需不需要设立税务机关。从现状看，在省级以上各类开发区一般都设有税务机关，并且行政级别有的还高于开发区所在县（市、区）税务局，设立的背景复杂多样，税收执法服务的效果不一定都好过开发区所在地的县（市、区）税务局。按"节省原则"考量，"在开发区不在县（市、区）税务局之外新设立税务局"应成为"一般规定"，"设立"则为"例外"。

"例外"只限两种情形：第一种，开发区在一个县（市、区）内，财政预算收支关系不在所在县（市、区）而在市（州）的，可以设立隶属市（州）税务局的税务局。第二种，开发区跨县（市、区），财政预算收支关系不在所在市（州）而在省（自治区、直辖市）的，可以设立隶属省（自治区、直辖市）税务局的税务局。

对不符合"例外"情形已经设立都应该限期撤销。开发区是一种特定的过渡性质的经济社会组织形态，通常会并入法治化行政区域治理形态。

在县及其以上按行政区划设置税务机关，是经济社会治理需要，更是政权建设的必然要求，再小的县也必须设立，这跟"节省"无关。对于在县以下和开发区设置税务机关，一般都认为是为了经济社会发展服务，更好服务纳税人，其实背后也有增设机构、增加职数、安排人员等驱动，优化纳税服务比单独设立机构有更多更好的办法。对于确需要设立的，作为"例外"情形，严格论证确认、严格审批管理，这样"合理设置税务机关"就能落到实处。

科学配置税务机关职能

当前国家赋予税务机关的职能，通俗讲是"征税、收费、管发票"三项，这是科学、适当的，符合"节省原则"。

国家设立税务机关自然是为了"征税"，税务机关的天职是征税。前已述及，为了更好地征税，国家也赋予税务机关"管发票"的职能，这是除征税以外税务机关承担的最重要的经济管理职能。税务机关"收费"有些什么道理呢？

税务机关"收费"，我国最早可以追溯到20世纪80年代征收教育费附加。90年代部分省（自治区、直辖市）开征地方教育费附加，由"分税制"改革后分设的地方税务局征收。2012年国家开征废弃电器电子产品处理基金，由国家税务局征收。自2017年起国家推进了较大规模的其他非税收入征收划转试点，并逐步形成了国家的制度性安排，至2024年上半年由税务机关征收的费种已达30多个，有的省（自治区、直辖市）税务局还代征工会会费。税务机关征收社会保险费，开始于20世纪90年代末个别省地方税务局的代征，之后逐步扩大代征、征收范围，至2020年全国全部险种划转由税务机关征收，有的省（自治区、直辖市）税务局还代征职业年金。

税务机关征收的社会保险费和非税收入被统称为"费"是一种习惯性的称谓，其实每一个"费种"规范的名称不一定叫"费"，有的称"基金"，有的称"收入"，等等，不像18个税种每一个都是"税"，但有共同的特征。一是征收的依据都是国家的法律法规和政府规章，二是都属于行政性收费，三是和税收一样都是"政府收入"。至少具备这三个特征的"收费"才应由税务机关征收。这些"费"由税务机关征收至少有以下好处。

一是便利纳税缴费。纳税人大部分也是缴费人，纳税缴费只需向一个政府部门办理，并使用相同的流程、手续、系统，无论是效率、体验都会极大改善，并会越来越好。

二是有利于足额征收。税基、费基有的相同、有的不同，但相互之间有交叉审计印证关系，税费同征同管可以很好利用税收征管形成的能力促进收费规范，进而互促互进，保证应征、应减免税费准确确认，落实到位。

三是节省征管资源。利用税务机构合并的资源、人员优势，不新设机构不新增人员，就可以完成划转接收"收费"事项，基本无新增支出，还可以腾出原多个征收部门的人员、支出加强更为需要的公共服务领域，属"无本万利"的好事。

税务机关"收费"的制度性安排，是推进效能政府建设、提高国家治理能力和治理效能的一项重大变革。有人建议将"税务局"改称为"国内收入局"更符合职责定位。

税务机关必须高效

税务机关"高效"可以从纳税人缴费人视角、政府视角和税务机关内部运转三个维度来分析。

纳税人缴费人视角"税务机关高效"，在"便利原则"中讨论已经很多，在这里还有两个问题要探讨。

一是一个纳税人缴费人只向一个所在地税务机关办理日常纳税缴费事项。这不难理解，也是基本共识，绝大部分地方、对绝大部分纳税人缴费人也都做到了，但省（自治区、直辖市）、市（州）税务局设有履行税费征收服务职能的派出机构，其所辖纳税人缴费人仍有要"多头跑"向两个主管税务机关分别办理不同涉税事项的情形。这应该改变。市（州）级以上（含）税务局没有必要设立履行税费征收服务职能的派出机构，纳税人缴费人一律向所在地县（市、区）税务局办理日常涉税事项即可。

二是办税服务厅是否需要入驻当地政府建设的政务大厅。"一刀切"入驻或不入驻都不便利纳税人，与其他政务事项高度相关的如新办纳税人注册、房产交易等业务可以入驻办理，其他很多税务事项与有关的政务事项关联度不高，反而需要县（市、区）税务局后台支持办理，入驻政务大厅对税企双方都不便利。办税服务厅要尽量与县（市、区）税务局同址办公。

政府视角的"税务机关高效"内容很多，集中起来就是税务机关要全面履行职能，高效完成工作任务，全面发挥作用。给政府添麻烦、增负担就万不应该。这种情况是有的，在省（自治区、直辖市）、市（州）税务局设立税费征收机构就是一例。在这种情况下，省（自治区、直辖市）税务局所在地市政府就要与省局（征收管理局）和市局（征收管理局）两个以上税务局，区政府就要与省局（征收管理局）、市局（征收管理局）和区税务局三个以上税务局协调组织收入等税收事宜。前已述及，在省（自治区、直辖市）、市（州）税务局设立的税费征收机构应该撤销，纳税人缴费人一律向所在地县（市、区）税务局办理日常涉税事项。

税务机关内部运转视角。税务总局到县（市、区）四级（或三级①）税务局是一个整体，在四级税务局合理配置职能，协调联动才能实现高效，是否高效由纳税人缴费人和社会评价。以下主要探讨两个问题。

一是职能配置和效能表现。纳税人缴费人户籍、税费征退、发票供应和一般纳税服务等只能配置给县（市、区）税务局，不在市（州）以上税务局配置；稽查一般只配置给市（州）税务局，县（市、区）税务局不负责税务案件稽查，税务总局、省（自治区、直辖市）税务局一般不直接查办案件；风险分析主要由税务总局、省（自治区、直辖市）税务局负责，风险应对主要由市（州）、县（市、区）税务局负责；跨区经营企业集团纳税人特殊税费事项由税务总局、省（自治区、直辖市）税务局负责个性化服务；制度、标准、信息系统由税务总局、省（自治区、直辖市）税务局负责。

"精确执法、精细服务、精准监管和精诚共治"需要四级税务局共同负责，但效能主要表现在市（州）税务局的稽查、县

---

① 对于直辖市和计划单列市是税务总局、市税务局、区（县）税务局。

（市、区）税务局的纳税人缴费人户籍管理、税费征退、发票供应等具体工作中。

二是税务机关的内设机构。从税务总局到县（市、区）税务局的内设职能机构应该逐级减少比较符合实际，如果是中间多过两头，这只能理解为是国税地税合并的暂时过渡，否则不能合理解释。机构越多分工越细，协调越难效率越低。

税务干部必须廉洁

"征税官吏可能索贿受贿"和"税吏频繁造访及令人讨厌的稽查"是亚当·斯密关注税收"节省原则"的重要原因。确保税务干部廉洁从税，是"人民税收为人民"必须坚守的底线，除需要全面从严教育管理税务干部外，最需要的是针对可能滋生税务干部不廉土壤的特性强化有关"精准监管"的措施。

可能滋生税务干部不廉土壤的最大特性在于：纳税人缴费人在存续期间需要长期、持续、频繁与同一个税务机关、同一批税务人员交往，容易形成"熟人关系""利益关系"。

针对这一特性如何破解、防范可能的"利益关系"和廉政风险，一系列有效的精准监管措施和制度性安排已经形成和正在强化。

如全面取消税务人员固定管理服务纳税人的制度，实施分类管事办法。

又如，全面推进"信用+风险"分类管理，纳税人全量扫描画像，好信用强激励、无风险不打扰，低风险辅导提醒，中高风险团队精准应对过程管控。

社会必须协同共治

从"节省"视角研究社会协同共治，关键是要全社会协同、协助税务机关高效获取涉税（费）数据。这是以数治税、建设智慧税务的需要，也是更好发挥税收在国家治理中基础性、支柱性和保障性作用，推进国家治理体系和治理能力现代化的必然要求。

"涉税（费）数据"是什么数据？凡是涉及缴纳税（费）主体、影响税（费）缴纳数额确定的所有数据，都应该被认为是涉税（费）数据。

缴纳税（费）主体的数据，包括全部法人和全部自然人以及其他涉税主体数据。

法人一般包括企业法人、党政机关法人、事业法人、社团法人、非政府自治组织，等等。不同类别的法人由不同的部门登记管理，数据分散在市场监管、机构编制、民政等不同部门。法人的类别多但一般都是涉税（费）主体，税务部门有必要通过共享整合等方式健全法人数据库。

自然人都是涉税（费）主体，税务部门应通过共享公安等部门自然人数据等方式健全自然人数据库。

影响税（费）缴纳数额确定的数据种类就更为繁多，其绝大部分可以通过纳税人缴费人使用的发票系统、纳税人缴费人申报及报送财务会计报表获取，还有一些关键数据则需要共享其他部门已有的数据获取。从其他部门共享获取的关键数据主要用于审计校验纳税人缴费人纳税缴费申报，督促如实申报。这些关键数据包括：

法人、自然人的性质、类别、资质、业务属性等数据；

家庭及成员（自然人）数据；

法人、自然人的不动产和车辆等动产等数据；

法人、自然人的购销、收支等关键数据；

等等。

全社会协同、协助税务机关高效获取涉税（费）数据的社会共识已基本形成，但要形成完整的制度体系、规范标准还有很长的路要走，还有很多艰苦的工作要做。税务机关获取数据后的运用，建成智慧税务、实现以数治税也还要艰苦努力。

第五篇
充分原则

"充分原则"是阿道夫·瓦格纳税收四方面九原则中的一个重要原则[①],主要是指通过税收组织的财政收入要"充分",能够满足政府正常履行职能、安排财政支出的需要。

充分不能量化

"充分"是一个定性的概念,在给它的定义中"满足""政府正常履行职能""需要"等关键词也不能量化衡量,这就需要在认识、理解上准确把握,在实践中有制度保障。

在认识、理解上需要准确把握的重点有三个方面:一是政府职能,二是满足政府正常履行职能需要,三是包括税收的财政收入构成。

政府职能——法治政府

关于准确理解把握"政府职能"。政府职能涉及国家大量日

---

① 《税收学》编写组. 税收学[M]. 北京:高等教育出版社,中国税务出版社,2021:37.

常公共事务的处理，目的是为社会提供普遍的、公平的、高质量的公共服务。

随着现代社会公共事务、公共问题日益增多、日益复杂，公众需求日益个性化、多样化，政府承担的职能也越来越多，并逐渐扩展至社会的方方面面。政府职能扩张是20世纪以来世界普遍出现的一种现象，既有如弥补市场缺陷，促进社会公平，有效动员民众，迅速配置资源等积极效应，又会产生"政府失灵"的消极后果。

政府职能演变和扩张，有外部和内部两种驱动力，政府与市场的关系、政府与自然界的关系、政府与社会的关系都共同发挥着作用。在内部驱动力方面，要特别注意政府自我权力冲动扩张而缺乏制衡力量的重要影响。

"充分"的税收收入支撑和保障的"政府职能"，是与当下经济社会发展相适应的政府职能。"充分"的税收收入满足的是"当下政府""有为政府""法治政府"正常履行职能的需要。"未来政府""无限政府"和"无为政府"都不是"充分"税收要体现的含义。

满足需要——合理数额、经验数额

关于"满足政府正常履行职能需要"的判断。政府职能演变和扩张,在和平年代一般呈线性演进,有波动但不会过于激烈,除非遇到特别重大的自然灾害或社会变革。

满足政府正常履行职能需要的"充分"税收收入,在理论上有一个"合理数额",在实践中有一个"经验数额"。这个"数额"不是不可衡量的"随意数额",而是"合理数额"和"经验数额",是过去发展积淀、未来发展目标等多种因素共同作用得出的"办多少必须的事就必须筹多少钱"的结论,是与当下经济社会发展相适应、政府必须有所作为的必需支出,通俗讲就是"蛇有多大洞有多粗"。

最终决定这个"合理数额"和"经验数额"的因素是政府机构的大小、政府职能的宽窄和经济体系的规模、效率,政府机构越小、政府职能越窄以及经济体系的规模越大、效率越高,宏观税负低也能获得这个"合理数额",反之则要更高的宏观税负才能获得。

税收原则析论

满足需要——宏观税负

宏观税负是指经济体系所需承担的税收，一般用所征收的税收收入占国内生产总值（GDP）的比重来表示。经济体系承担的税收越多，宏观税负就越高，经济的活力和在全球经济体系的竞争力就会越不足。这就需要在征税多少、履行政府职能需要办事的轻重缓急，与保持经济活力、经济竞争力之间寻求平衡，权衡取舍。

宏观税负与经济规模、经济效率成反比，与政府规模、政府效率成反比，与税收国际竞争力成反比。宏观税负与税收收入规模有一个最佳比值，宏观税负与税收收入规模成正比例变化达到最佳比值后就会成反比例变化，不论何种原因宏观税负都不应超过最佳比值。最佳比值之后的宏观税负也可以称为"税收痛苦指数"。

政府履行职能具体表现为办一件一件的事，办事当然需要花钱，政府履行职能要花的钱越多，就越需要"充分"的税收保障，办必须要办的事就必须通过税收等方式筹集"充分"的财政收入来保障，特别是必须要办的事涉及国家的主权、安全和重大发展利益时，即便是牺牲一个时期的经济活力和竞争力，也必须以"充分"的税收予以保障。

满足需要——税收立法

税收的"充分原则"一般只能运用在国家宏观层面、税收立法环节，也只有在国家宏观层面、税收立法环节表现出来。没有税收立法权的地方、政府部门，则只能是"有多少钱办多少事"。

税收是最主要的财政收入

关于财政收入的构成。多少税收收入才能算"充分"，与财政收入的构成、税收收入占全部财政收入的比重有很大关系。政府取得财政收入的渠道越多，税收收入占全部财政收入的比重就会越低，反之则会越高。一般情况下，税收的特性决定税收是财政收入的最主要构成，税收的"充分原则"也是基于这一前提，政府征税以确保"满足政府正常履行职能需要"，其他组织财政收入的形式只是补充。

合理数额"双重法定"

在我国的税收治理实践中,保障税收"充分原则"实现,主要通过税收法定和税收收入法定的"双重法定"体制制度实现。这一"双重法定"体制制度使得不太容易把握的税收"充分原则"能够经过严格的程序和充分的论证、讨论转化为具体的"合理数额"和明确的法条。"税收法定"与"确实原则"的理解、贯彻的相关内容,在"确实原则"部分已经作了介绍,这里再就"双重法定"体制制度与"充分原则"相关的内容作阐释。

税收收入法定

税收收入法定的体制制度。我国人大组织法等法律规定,中长期国民经济和社会发展规划、年度国民经济和社会发展计划和年度财政预算、预算调整、决算都需要国家权力机关人民代表大会及其常务委员会审查批准。预算、决算的编制、审查、批准、监督，以及预算的执行和调整，《预算法》都作了明确的规定。批准的财政预算包括财政收入的重要组成部分的"充分"的税收收入。

税收收入七步法定

确定这个"充分"的税收收入，一般要经过七个步骤：一是政府财税机构和人大预算审查机构分别开展调研测算论证；二是政府组织论证；三是政府与人大预算审查机构沟通协调；四是政府提出意见向党委报批；五是政府向人大提出预算建议；六是人大预算审查机构审查提出意见；七是人大会议审查批准。经严密科学的论证和法定程序确定的"充分"的税收收入，能够保障与经济社会发展相适应，满足政府履行职能需要，约束政府权力扩张，体现人民意志。

税收收入法定需以经济税源为依据，受税收法定约束。税收收入法定在具体实施中变形走样会产生"有税不收"和"征收过头税"等问题，需要综合治理。

税收原则析论

税收法定

税收法定的体制制度。我国《立法法》规定,"税种的设立、税率的确定"只能制定法律,这是税收法定制度的根本规定,依据这一根本规定制定的各个税种的法律,给政府(行政部门)征税划定了边界,也可以理解为规定了可能征税的最高限额,"充分"税收收入不能突破这个限额,也对政府征税的权力进行了限制。这个"最高限额"一般也会给政府留足相机抉择减免税的空间。

税收减免

我国《立法法》没有规定税收的减免必须制定法律。在立法实践中,各个税种的法律都有税收减免范围、情形的具体规定,也授权政府行使部分税收减免权。政府实施税收减免既是行使法律授予的税收减免权,也是对征税权的放弃,是履行政府职能、促进经济社会发展的责任担当。

实施税收减免的范围、程度、幅度,需要综合考虑经济社会发展的各种因素，汇集起来的减免数额，需要考虑"充分"税收收入的低限，不能因为税收减免影响政府正常履行职能，因此，国家对税收减免权的行使也作出了严格的规定。

我国税收减免权高度集中在中央，除法律明确规定授权省级行使的（如授权省级人民政府对民族自治地方的企业减免地方分享部分的企业所得税）以外，一般由国务院行使，财政部和国家税务总局具体实施。当然也有国务院授权省级人民政府规定的税收减免事项，但范围非常有限，一般只能在授权的范围、幅度、期限内（如近年来对部分财产行为税类地方税种、自主就业退役士兵等重点群体创业就业）明确、细化。

不仅如此，国家也禁止各级人民政府向纳税人返还或变相返还已经缴纳的税收。这样的制度体制安排，自然是组织"充分"税收收入的需要，也是公平市场竞争、建立全国统一大市场的需要。

治理"有税不收"和"征收过头税"

税收收入法定和税收法定的体制机制共同配合要更好地保

证税收"充分原则"正确实现，还需要不断地改革完善。比如，"有税不收"和"征收过头税"的问题就需要认真研究解决。

"有税不收"主要是因为"完成年度税收收入任务"后为下个年度"留税源"，但真正的"有税"有能力征收而有意不收的情况并不常见。

"征收过头税"则主要是因为"完不成年度税收收入任务"而选择纳税信用好的特定纳税人以"提前反映应税收入"或"延后申报抵扣"等形式增加当期缴纳的税款，"寅吃卯粮"，一般会在以后的几个纳税期内"找平补齐"。

"有税不收"和"征收过头税"显然有违税收法治各项原则，失真反映经济运行（在"弹性原则"篇中也会进一步讨论），甚至侵害了纳税人利益，这都要坚决杜绝。

治理"有税不收"和"征收过头税"，采取诸如加强内外部监督、组织税收收入目标作为指导性和预测性指标等措施会有一些效果，需要长期坚持完善，同时防止强调"月度、季度均衡税款入库""提高税收收入预测准确率"等措施变形走样。

杜绝"有税不收"和"征收过头税"需要对症下药、综合施治，目前缺失的一项重要措施可能是没有建立"预算平衡基金"制度。

预算平衡基金

建立预算平衡基金，核心是隔离当年财政收入和当年税收收入，在当年财政预算收支与当年税收收入之间建立一道"防护池"，依税收法规组织税收收入不受当年财政预算收支实现的干扰，确保当年税收收入应收尽收，也无需提前征收来年的税款。

具体操作是不把当年全部税收收入都作为当年财政收入，而是根据当年和近期，如三年经济社会发展情况，把经济税源丰盛年份的税收收入的一部分留作预算平衡基金，用作弥补经济税源不足年份的财政收入，平衡年度之间的预算安排，也是"逆周期调节"和"以丰补歉"的具体措施，是一项运行操作简单、有百利无一害的公共政策。

第六篇
弹性原则

瓦格纳税收四方面九原则之财政政策的两个原则中，一个是"充分原则"，另一个是"弹性原则"。我们要讨论的税收"弹性原则"来自于此但内容不尽相同。

税收弹性的奥妙

瓦格纳认为，税收收入要有弹性，当国家财政出现收不抵支时，税收要能够自然增加，以便及时弥补收支缺口。他这一表述的重点在税收收入"充分"，在当国家财政收不抵支时税收要能够自然增加弥补收支缺口。这也很好理解，瓦格纳是在财政政策大原则下讨论"充分"和"弹性"两个小原则。经仔细推敲，"财政出现收不抵支"要么是支出增加，要么是收入减少，这个时候经济一般不好，"税收"根本不可能"自然增加"，只可能通过税收立法"人为增加"，这属于"税收充分原则"研究的内容。"税收弹性原则"的重点在"税收收入要有弹性"，奥妙则在于"税收要能够自然增加"。

弹性指的是某一经济变量随另一经济变量变化而变化的力度或敏感程度。"税收弹性原则"要讨论的重点不是税收收入与财政收支的关系，而是税收与经济的潮汐互动关系及影响程度，税收收入要能够随着经济的扩张收缩变化自然增加或减少。

税收征管力度与弹性

税收征管力度对税收收入增加或减少自然是有关系的，税收征管力度强，税收收入会增加；税收征管力度弱，税收收入会减少。研究"税收弹性原则"，假设税收征管力度是一个常量，不考虑它的影响，只重点考察税收制度因素与经济的互动关系。

税收制度安排与弹性

不同的税收制度安排，税收与经济的互动关系不一样，即具有不同的弹性。"税收收入要有弹性"的核心要义是"经济决定税收，税收促进（反作用）经济高质量发展的良性互动"。影响税收弹性的税收制度安排主要有四项：一是征税范围的宽窄；二是计税依据的选择；三是税率类别的适用；四是增税和减税免税的规定。

第六篇　弹性原则

征税范围的宽窄与弹性

征税范围越宽，税收与经济的互动关系越强，税收越能反映经济运行的情况。正因为这样，"普遍征税"也被认为是一项重要的税收原则（"普遍征税"也通常被认为是税收公平的体现），对生产、交换、分配和消费各个环节都需要进行征税，对法人、自然人等全部市场主体也都需要征税。"普遍征税"使税收嵌入经济运行全环节各方面，使税收尽可能反映经济运行情况，也使税收"调控经济"和"调节收入"成为可能。当然"普遍征税"只是一个基本原则，具体在选择征税范围的宽窄上还考虑其他的税收原则和政治的、经济的、社会的因素。但不论从哪个角度分析，都必须要对经济运行的主体、社会财富的主体征税，这是"税收收入要有弹性"的前提。

当前我国 18 个税种覆盖的征税范围宽窄总体看是适当的。全部货物、劳务、不动产的生产（包括进口）、销售，全部生产经营所得和劳务（工作）报酬，用于生产经营的土地、房产等资产，基本都纳入征税，并且对使用车船、占用耕地、排放污染物等特定行为也纳入征税；对货物、劳务、资产、所得，在不同环节通过不同税种互相配合作用于经济,税收与经济的对应关系比较完整,映照互动比较顺畅有效。

计税依据的选择与弹性

计税依据一般包括以货币计量的总收入、增值额、所得额和以实物数量单位计量的生产销售数量、拥有的财产数量等,不同的计税依据选择有从价计税和从量计税之分。从价计税既能反映单位价格增减变动引起的税收收入变动,也能反映实物数量增减变动引起的税收收入变动,能够较好体现经济好"税收能够自然增加",经济不好"税收能够自然减少",具有较好的"税收弹性"。而从量计税则只能反映实物数量增减变动引起的税收收入变动,"税收弹性"就比较差一些。这也是各国税制中较少选择从量计税的一个重要原因。

税率类别的适用与弹性

选择固定比例税率、累进税率或是定额税率,是税收制度设计的重要内容,其中一个重要原因是不同的税率类别有不同的税收弹性。

选择适用固定比例税率,纳税人的应纳税额(即政府的税收收入),与计税依据同比例自然增减,属于有较好的税收弹性,不论计税依据高低,需要缴纳的税收都是计税依据的固定比例,纳税人对增加或减少计税依据基本不受税收因素的影响。这从另一个角度看,也就是这种税率选择,不能对过热的经济自然产生抑制或对收缩的经济发挥自然刺激。

累进税率,其实是在同类计税依据中区分不同的情形适用比例税率。选择适用累进税率,不论是全额累进还是超额累进,纳税人的应纳税额,与计税依据同向增减但增减幅度会更大,税收弹性要好于固定比例税率,对经济有自然的调控(对收入有自然的调节)作用。

定额税率一般与从量计税配套使用,税收弹性属中性,在实践中仅在特定目的征税的领域使用。如,通过对卷烟产品按量征收定额消费税,低价烟增加的税收负担(以实际税金支出和价格的百分比衡量)明显高于高价烟,目的就是促进卷烟生产企业优化产品结构。

税收原则析论

增税和减免税与弹性

经济好税收收入会自然增加，经济好可以增税、也有条件增税，特别是当经济过热时应该增税抑制。经济不好税收收入会自然减少，经济不好应该减税。这个道理是非常明显的，关键是如何操作和实现。

当前我国的税收制度安排中，增税属于法定事项，没有授权国务院相机抉择的制度性安排；减税免税则基本由国务院通过相机抉择规定（法定减税免税除外，法定减税免税其实是排除了税收与减免部分经济运行的互动）。这样的制度安排，好处很多，如决策简捷快速；但问题也不少，如抉择的时机、内容等如何达成社会共识，市场预期不确定，等等。

增税和减免税是相机抉择好，还是事先设定条件当经济运行触发实施条件就立即启动增税或减免税好呢？按照"税收弹性原则"税收收入要能够自然增减的要求，应该选择后一种方法规定增税或减税免税。

经济运行要触发什么条件启动增税或是减税免税，没有现成的经验可供借鉴，做起来肯定会很不容易，有必要作为国家治理体系和治理能力现代化的一项战略任务、重大课题认真研究、逐步推进，要有"大胆试、大胆闯"和"摸着石头过河"的改革精神推进才可能会有所作为。

就当前我国情况，在法定征税范围（征税项目）、法定税率（名义税负）之外增税（房产税除外），或再新增减税免税项目，空间都十分有限，必要性也不大，紧迫的任务是如何判定现有种类繁多的减税免税项目在什么样的经济状况（不包括财政收支）下退出（也是另外一种形式的增税），什么样的经济状况（不包括财政收支）下继续执行。

财政收支与弹性

"税收弹性原则"虽然不重点讨论税收收入与财政收支的关系，但是财政收支情况无疑对税收、对经济有重大影响，只有三者的关系处理好了，才能很好地贯彻"税收弹性原则"。

经济好，具有良好税收弹性的税收制度安排必定会使税收收入增加（绝对不允许人为操作以"缓税"等形式压低税收收入），并且增幅一般会高于经济增速，这个时候财政收入增加，但不能将全部财政收入都在当期安排支出,原因一是都在当期全部安排支出必然使经济"锦上添花"甚至推动经济过热;二是应通过"预算平衡基金"预留一定数额的收入以备经济不好时刺激经济。

经济不好,具有良好税收弹性的税收制度安排必定会使税收收入减少(绝对不允许人为操作以"寅吃卯粮"征收"过头税"等手段增加税收收入),并且减幅一般会高于经济增速,这个时候财政收入减少,就需要动用财政储备——"预算平衡基金"增加财政支出,为经济体注入活力。

这些虽然是简单的常识,做起来却是一个系统性工程,要做好也不容易,但必须要做好,才可能使税收与经济的潮汐良性互动,"税收弹性原则"也才能体现。

税收与经济潮汐互动

这里讨论的"税收弹性原则"是指税收收入要能够随着经济的扩张收缩变化自然增加或减少,重点是税收与经济的潮汐互动关系及影响程度。很明显,与瓦格纳所指的"税收弹性原则"有本质区别，与"财政出现收不抵支时，税收收入要能够自然增加"没有直接关系。期待税收经济理论界对"税收弹性原则"进行充分的讨论研究，形成系统性成果，并推动在税收立法和税收制度建设中自觉运用。

税收弹性系数

表示税收收入增速与经济增速的比例关系的数额称为税收弹性系数。税收弹性系数数据一般包括税收制度变化以及税收征管手段、征管力度等因素，这些因素影响很难量化测量。在观察税收弹性系数的时候，要注意当年的税收收入并不全面反映当年的经济运行状况（按月征税的反映前 11 个月，不反映 12 月份；按季征税的反映前 3 个季度，不反映第 4 季度；按半年征税的反映上半年，不反映下半年；按年征税或按年汇算清缴的则主要反映上一年，不反映当年），还包括一部分上年的经济运行结果（当年在下年反映），当年的税收收入增速与经济增速并不完全一一对应。

第七篇
中性原则

"中性"直观的理解是指没有影响、不起作用,既不起"好的"作用,也不起"不好的"作用。

"税收中性"要研究的是税收与经济运行的关系,直观的理解就是要求税收对经济运行不要起好的作用,也不要起不好的作用。因此,很多人认为,税收不可能是"中性的","中性的税收"并不存在。

税收经济效率

其实,"税收中性原则"并不认可税收对经济绝对不发生作用、绝对不产生影响,它认可政府征税的必要性和正当性,认为税收将"一部分国民产品从个人转移到政府,以支付公共费用和公共消费"[①],"税收在买者支付的价格和卖者得到的价格之间打入了一个楔子"[②],会降低经济运行效率。

"税收中性原则"强调政府征税使社会所付出的代价应该以

---

① 《税收学》编写组. 税收学 [M]. 北京:高等教育出版社,中国税务出版社,2021:34.

② 格里高利·曼昆. 经济学原理(第8版)[M]. 梁小民,梁砾,译. 北京:北京大学出版社,2020:164.

征税数额为限，不能让纳税人或社会承担额外的负担或损失；市场信号不因征税而扭曲，要尽力避免因征税而对经济运行和资源配置的扭曲和干扰，让市场机制在资源配置中发挥决定作用。

"税收中性原则"强调提高经济体系的运行效率，也称税收经济效率原则。

对"税收中性原则"泛泛而谈容易产生歧义误解，对税收实践不仅无益甚至有害。税收要实现筹集财政收入、调控经济和调节收入职能，需要处理好税收与经济的关系，促进经济高质量发展。提高经济体系的运行效率和推进经济高质量发展，需要深化改革，"发挥市场在资源配置中的决定作用，更好发挥政府作用"。这就需要对"税收中性原则"进行具体的、分税种功能的深入细致研究，全面、准确解读，形成系统、科学理论，只有这样才能更好指导税收实践。

增值税的中性

增值税被认为是最具"中性"特征的税种，这主要是因为它的功能定位是组织财政收入，它的税种属性可以较少干预市场配置资源。

增值税以组织财政收入为目的不言而喻,《增值税暂行条例》第一条也不需要写为什么要征增值税。如果说增值税为实现社会政策目标发挥了作用,那都是因为它的税种特点和税制设计,那都是因为组织财政收入产出的"副产品"。

增值税属于消费税性质,最终由消费者负担,通过进口征足税、出口退足税,平衡国内与国际市场货物、服务劳务税负和价格,不扭曲国内与国际的市场机制运行。通过对生产、销售货物、劳务普遍征税,规定较少的税率档次、绝大部分货物劳务适用基本税率,较少干扰市场配置资源。进口、生产、流通每个环节征税、每个环节扣税,货物、劳务税负不因生产流通环节增加而加重,也不因生产流通环节减少而减轻,货物、劳务生产流通组织由市场决定。

税法第一条不表述立法目的

在我国的税种法条中,"第一条"不作(不需要)立法目的表述的税种有消费税、车辆购置税、企业所得税、个人所得税、城市维护建设税、烟叶税、车船税、城镇土地使用税、房产税、土地增值税、印花税等，这也在一定程度上表明这些税种的功能定位主要都是为了组织财政收入，也具有（或需要具有）某种程度的"中性"。

无论最具"中性"的增值税，还是具有某种程度"中性"的这些税种，都不能否认，它们都具有客观上对经济调控、对收入调节的功能，都会对经济有影响、"起作用"，分析它们的主要功能是组织财政收入和"中性"特点，目的是为了在运用这些税种调控经济和调节收入（更好发挥政府作用）时需要特别小心，必须以提高资源配置效率、增进社会福利为目标，尽力避免降低利益相关方的福利水平。

税收是"不说话的股东"

经济、市场（市场机制）在理论上是概念、范畴，在实践中是客观的存在。这种客观存在来自昨天去往明天，在法规制度作用约束中各利益相关方博弈相依、生生不息。税收是其中重要的利益相关方和制度约束，"是不说话的股东"，它不参与决策但要分享利益，是这种客观存在的一部分。这种客观存在的经济、市场，各方利益处于相对平衡和稳定，考察这种客观存在中已有税收（制度安排）是否"中性"，通过与其他经济体比较对资源配置效率的影响来判断，有一定的意义但仅是一个基础。

更有意义的好做法是要将既有经济、市场条件中的税收作为一个变量考察，研究如何变动、对比变动前后影响，如果有新的税收制度安排更有利于提高市场配置资源效率、增进社会福利而又不降低某一利益相关方福利（帕累托改进），那这种变动就是体现了"税收中性原则"。

保持税负总体不变与中性

我国1994年工商税制改革，对原征收产品税的卷烟等高税率产品生产，改为在征收增值税的基础上再征收消费税，保持税负总体不变，市场参与人利益没有大的变动，但建立起了更为科学的更有利于提高资源配置效率的税收制度，这是消费税"中性"的体现。

2001年开征车辆购置税替代车辆购置费，相关方利益不受影响,但"费改税"总体增进社会福利、降低政府运行成本,是车辆购置税"中性"的体现。

2006年取消农业特产农业税,保留对烟叶征收农业特产农业税的核心制度安排改征烟叶税,烟叶生产的利益相关方地方政府(收入归属方)、烟草公司(纳税人,烟叶收购经营方)、烟农(烟叶生产方)仍然连接成一个利益共同体,各方利益没有大的改变,这就是烟叶税"中性"的体现。

减免税、税负转嫁与中性

税负总体保持不变的税收制度安排变革,市场参与人利益不受大的影响,对其是否"中性"比较直观、好理解。对减税、免税或增税的税收制度变革,要准确把握其是否"中性",则需要结合"税收转嫁"来研判。

减税、免税减轻经济体税收负担,纳税人和社会都很容易认可、接受,一般认为会增强经济体活力、提高市场配置资源的效率。对消费者纳税人减免税收尤其如此,对消费者纳税人减免的税收一般由消费者独享收益,从而增加购买能力或投资能力,增加社会消费或投资。这很直观也很容易理解。

但对于生产经营纳税人则不太一样，一般都不可能独享，不是其不愿意独享，而是市场机制作用不允许独享，获得的减免税收会通过市场机制在利益主体之间分配。这种利益分配有两种情形。

一种是相对它的供应商或客户都有市场优势，议价能力强，获得税收减免以后可以按原价格购进或可以按原价格出售货物服务，无需向供应商或客户让渡（转嫁）获得的减免税收。

另一种是相对它的供应商或客户都没有市场优势，议价能力弱，获得税收减免以后必须以更高的价格购进或降低价格出售货物服务，必须向供应商或客户让渡（转嫁）获得的减免税收。

以上这两种情形，在激烈竞争的市场环境中只可能偶然或短期存在，大量、普遍的情况一定是通过购买或售卖价格变动与供应商或客户共享（转嫁）获得的减免税收、调整利益，达成新的供求平衡、利益平衡。

这种供求关系、利益调整由政府行为（决定减免税）引起，市场自发调整，社会和市场都需要付出代价。评估其提高市场配置资源的效率和增加的社会福利，要考虑社会和市场付出的代价。

减免税的时限越长、减免税制度安排越稳定，市场代价越小，市场配置资源的效率越高，但政府放弃税收减少的社会福利也会越多。

减免税要有意义，其增加的社会福利、提高的资源配置效率必须大于政府放弃税收减少的社会福利。这个道理显而易见，但几乎不可能量化和精准计算。

增税、税负转嫁与中性

增税则与减免税相反，纳税人和社会认可、接受就不太容易，如不谨慎甚至会引发社会动荡。增税增加纳税人的负担，尤其是对消费者纳税人，增加的税收没有转嫁出去的渠道，直接落在自己头上，只有减少其他支出（穷人减少消费支出、富人减少投资支出）缴纳增加的税收。因此，对消费者增税必须十分小心，包括对富人增税，如果对富人增税增加的社会福利不大幅度超过富人减少投资减损的社会福利，也是不值得的。

对于生产经营的纳税人增税，增加的税收不一定直接落在他的头上，增加的税收没有谁会主动承担，只能通过市场机制、激烈的市场竞争在利益相关方分配，具体各自承担多少会根据其市场地位、议价能力、供求变化经反复博弈确认。

处于市场主导地位、议价能力强的纳税人，可以通过压低供应商价格向后转嫁增加的部分或全部税收，也可以通过提高销售价格向前对客户转嫁增加的部分或全部税收，自己只承担很少一部分甚至都不用承担。

在市场中处于被动地位、议价能力弱的纳税人，增加的税收一般没有能力全部向前转嫁也没有能力全部向后转嫁，则只有无奈地自己全部或部分承担，如不能提高竞争能力最终只能被市场淘汰。

增税既包括新设税种、税目或提高税率等"硬增税"，也包括停止税收减免等"软增税"。不论是"硬增税"或"软增税"，还是增加直接税、间接税或增加价内税、价外税，都是打入经济体的一个"楔子"，政府和市场都要付出代价，都会引起供求关系变化、市场主体利益调整，不同的是调整变化的力度、时延、后果等可能有所差异。

对生产经营纳税人增税也非同小可，增税如果不能提高市场配置资源的效率、不能明显增加社会福利，那么增税就没有意义。

中性即福利增加

如前所述，判断减税、免税和增税是否"中性"，不能简单认为对经济有影响就否定其"中性"，现实中并不存在对经济不产生影响的减税、免税和增税措施，能显著提高市场配置资源的效率，能明显增加社会福利的减税、免税和增税措施都应该被认为是"中性"的。研究税收"中性"的价值在于凝聚税收组织财政收入功能，减少税收对市场配置资源的干扰。税收中性就是需要"看得见的税收"和"看不见的手"各到其位各美其美、美美与共增加社会福利。

第八篇
国民经济原则

瓦格纳将合理选择税源和税种概括为"国民经济原则",这其实可以理解为是对之前讨论的"公平""确实""便利""节省""充分""弹性""中性"等七个税收原则"七位一体"的融汇运用,或者说我们将从"七位一体"这样一个高度、视角,从理论探析到实践操作,从路径选择到目标达成来讨论"国民经济原则"。瓦格纳认为,能够作为政府税源的征税对象有所得、财产(资本)和消费三类,应选择所得征税。

应选择所得征税

所得主要指法人和自然人生产经营货物、提供服务劳务、投资获得的报酬净额,所得是一种现实的财富净额和可靠的支付能力。

对所得征税不仅被经济理论家倡导,也有广泛的社会共识,被世界各国采用,这也源于对所得征税体现出来的特性。

一是有所得即有税源基础、有缴税能力,无所得不征税、有所得才对所得征税,比较公平。

二是对一个或者几个生产经营周期的结果(所得)而不是过

程（收入或支出）征税，不易转嫁，负税人明确，对经济运行的扰动较少，比较中性而较有效率。

我国已经建立起了比较健全的对所得征税的法律制度，包括企业所得税法和个人所得税法的法律制度体系。

企业所得税实行25%的比例税率，对小型微利企业、高新技术企业等有特殊功能的企业给予不同的税收优惠。个人所得税对工资薪金所得、劳务报酬所得等综合所得和生产经营所得实行不同的超额累进税率，对股息红利所得等实行20%的比例税率，费用扣除和专项扣除不断完善。对所得征税的这两个税种的"国民经济"功能（前七个税收原则的价值含义）发挥相当正面，与经济运行的互动促进也都优良。

征税不可侵及资本

瓦格纳反对对资本（财产，不包括个人财产）征税，西斯蒙第也主张政府征税"不可侵及资本"、不可驱使资本流向国外，萨伊主张政府征税应"最少妨碍再生产"，他们的观点是一致的。

资本是市场决定和配置的一种资源，与劳动力、人力资源、管理、技术等一样,是生产要素的一种。资本通过市场与其他生产要素结合是财富创造的密码、财富增长的秘密,没有资本和劳动力、人力资源、管理、技术等生产要素的结合就不会有现代文明社会。

反对"对资本征税",是因为资本有极强流动性、更为稀缺和追求高收益等其他生产要素不具备的特性,目的是让各种生产要素密切结合、各得其所迸发活力,提高资源配置效率、做大蛋糕,极大丰富社会财富。

实践中,每个国家、每个市场几乎都在给出包括税收优惠在内的各种优惠条件"大力吸引外资",这也从另一个角度说明没有必要对资本征税。

我国的税收实践并没有要对"资本"征税的原意,但由于某些历史原因和现实的利弊权衡,确实有征税的情况,主要有以下四种。

第一种情况是耕地占用税在耕地占用环节征收,是对占用耕地投入的资本征税。

第二种情况是不能全部抵扣或不能及时退回资本性投入物或生产性消费所含的增值税。

第三种情况是作为资本品投入的成品油、汽车、摩托车、轮胎、涂料、电池等生产性消费，要负担消费税，汽车、摩托车还要负担车辆购置税。

第四种情况是对证券交易不论盈亏按交易额征收印花税，这十分明显是对资本征税。

土地增值税调节土地增值收益，是对所得征税；资源税也可以理解为调节资源级差收益，是对所得征税；关税和烟叶税可以理解为是特别消费税。

如要改革和消除由于历史原因形成的对资本征税的做法，要以不断提高市场运行和资源配置效率、社会福利水平作利弊权衡。

对财产征税好不好

我国现行城镇土地使用税、房产税，是对用于生产经营即营利活动的财产征税，实质也是对资本征税。车船税、印花税的征税对象则不分是否是或用于生产经营或营利活动，但主要的也是对用于营利活动的资产征税，这部分也属于对资本征税。

如果算上这种情况，那么我国现在对资本征税的情况就应该是五种。

瓦格纳反对对资本征税其实是包括反对对参与营利性活动处于财富创造中的财产征税的，这部分财产其实也是资本。

区别资本和财产的关键就是看是否直接参与营利性活动，看是否为财富创造的直接要素。直接参与营利性活动、是财富创造的直接要素的，不论是土地、建筑物、构筑物，也不论是机器设备、车辆仪器、原辅材料，还是现金、银行存款、技术无形资产等资产，都是资本；反之则只是财产。财产可以转化为资本，资本可以与其他生产要素结合创造财富形成财产，但财产不等于资本。

瓦格纳反对对资本（包括资产，不包括个人财产）征税的完整含义是：反对对资本征税，不反对对财产征税。

前已述及，我国对资本或财产征税有其历史原因和对现实利弊权衡的结果，今后的改革完善要以不断提高市场运行和资源配置效率、社会福利水平作利弊权衡。

对财产征税比较复杂，不是简单的好或是不好可以回答的。这里讨论的财产是非资本化的财产，即不直接参与营利性活动的资产、用于生活消费的资产，包括闲置资产。

财产所有权与征税

国家强制征税凭借的是政治权力，在国家领域内有权对法人、自然人拥有的财产征税，这不容置疑，至于是不是拥有完全权利、拥有权利的年限等，不在"能不能征税"讨论的范围，但可以在"征不征税、如何征税"的范围讨论。

如对个人拥有的房产，不论是70年产权还是40年产权，甚至没有产权只有收益权、使用权，国家征税不容置疑。对国家收了土地出让金就不能再征房产税的说法完全站不住脚，根据税收"公平"等原则，倒是可以认真讨论哪些征、哪些不征、如何征等问题。

再如对国家机关、事业单位、公益性社会团体拥有的房产，国家征税不容置疑，但根据税收"节省"等原则，可以研究不征。

财产所有权是绝对权利，在国家内部，法人和自然人拥有的财产都受国家法律保护不容侵害，但国家为了公共利益的需要，可以依照法律规定对公民的私有财产实行征收或者征用并给予补偿。

财产征税的利与弊

对财产征税有利也有弊。有利的方面包括：

第一，对财产征税有利于补充对所得、消费征税的不足，保证"充分"的财政收入。对财产征税的收入只能是"补充"，并且只宜作为财产所在地政府的收入。

第二，增加财产的持有费用，引导财产权益人合理配置资产，如处置一些闲置不用资产，将家庭拥有的多套住房变卖一套。

第三，通过税制安排，对财产少的不征税或少征税，对财产多的累进多征税，缩小贫富差距。

好处比较多不再一一列举。弊端或者说是征税的难处包括：

第一，对财产征的税特别是对存量财产征收的部分是"被动的税收"，也有一大部分是新增税收，并且一般一年缴一次、年年得缴，涉及千千万万自然人，涉及资产价格变动，要对经济社会运行打入新的"楔子",引起的变化较大,决断需要勇气和智慧。

第二,不动产在不同地域价格差别巨大,拥有财产不直接等于拥有税收支付能力。

第三,界定征税财产范围需要共识、对财产征税的手段技术要求很高,等等。

克服这些弊端和困难,要按税收"公平""确实""便利""节省"等原则和"科学立法"要求把税制设计完善,即便牺牲短期的经济增长也应适时决断推出,实现财产征税助推经济高质量发展和逐步实现共同富裕的政策目标。

房产税实施的条件与制度安排

房产税的应税房产包括全社会的各类房产,包括资本性房产和非资本性房产。非资本性房产包括农村个人(家庭)的房产、城镇个人(家庭)的房产,国家机关、事业单位、社会团体等各类非营利组织的房产。资本性房产目前已经在征收,可在维持对其征税核心内容基本不变的基础上,对农村个人(家庭)的房产、国家机关事业单位社会团体等各类非营利组织的房产规定免税，认真研究对城镇个人房产征税问题。

第一，据公开数据，至2019年全国城镇就有96%的家庭拥有住房，人均住房面积40m^{2}以上，其中拥有两套住房的家庭达31%，三套以上的达10.5%。即便不对"刚需"住房征税，也还有丰富的税源基础（个人房产）。

第二，逐步实现共同富裕需要税收对财产（房产）发挥调节作用，县级财政缺少比较稳定的税收来源，房地产总量增加空间不大，应着眼于产权结构、调整品质提升，经济社会高质量发展都需要适时对城镇个人房产征收房产税。

第三，不动产登记系统、交易系统等已经建成，房产底数清楚、产权人权益人确定，为征税提供了技术条件。

第四，从"研究推进房地产税改革"到"推进房地产税立法"，从重庆、上海试点到人大常委会授权国务院在部分地区开展改革试点，十多年来社会广泛充分讨论，社会共识正逐步达成。

以上是对城镇个人房产征税的一些基本前提和条件，是否全面和准确，当然要结合制度安排来讨论。制度安排的要点有以下六个方面。

第一，只对坐落于建制镇（含）以上的城镇（城市）个人房产新征。

第二，以家庭作为纳税人。不论在全国拥有多少套房产，按家庭成员扣除免税的"刚需面积"，这样不会因征税引起夫妻离婚和子女分家。

对一人家庭，免税的"刚需面积"可以给予一定幅度，如50%的上浮。对成员减少的家庭，免税"刚需面积"可以给予一定宽限期，如五年不作变动。

我国尚没有以家庭作为纳税人的税种，就目前的信息技术和社会管理基础，确认"家庭"并归集其拥有的房产比较容易。

个人所得税也有按"家庭"为纳税人计征更为公平的讨论，房产税实施可以为其提供实践基础。

第三，免税的"刚需面积"由高逐步过渡到合适水平。建议全国统一同步实施，设置过渡期如五年，第一年即实施当年按家庭成员扣除免税的"刚需面积"为人均$100m^2$，之后每年递减人均$10m^2$，直至第五年人均$60m^2$稳定下来。

当然，也可以全国确定一个免税的"刚需面积"幅度，各省

（自治区、直辖市）确定分县（市、区）的具体面积，但需要坚持"由高逐步过渡到合适水平"的原则。这样处理与房地产行业的互动可能比较良性，可能是真正解决"房子是用来住的而不是用来炒的"关键一招。

第四，以家庭户籍地为纳税地点。不论应税房产在全国的什么地方，都向家庭户籍地税务机关申报缴纳。

第五，从量累进计征。以家庭拥有的全部应税房产面积扣除免税的"刚需面积"后征税，分档按超额累进设计税率（税额），全国确定一个幅度，各省（自治区、直辖市）确定分县（市、区）的具体数额，如征税第一档的税率（税额）可以确定为相当于物业管理费或更低一点的水平。

从量计征的"量"即面积，在房产交易、登记时就已经确定并且在国家的信息系统中有记载。从量计征规避了评估计税价格的各种繁琐工作和争议，也一定程度化解了有高价格房产不一定有相应税收负担（支付）能力等问题。超额累进计征让拥有房产多的家庭多缴税，也可以促进共同富裕和社会优化资产配置。

第六，房产税收入全额留县（市、区）财政。用于弥补县级财政由于房地产业转型升级减少的土地出让收入，并形成比较稳定的税收来源，用于本地改善民生，更好提供社会公共服务。

消费、资本、所得和对消费征税

消费是人最基本最经常的活动，每人每天都在消费，人类全部活动的最终目的就是为人提供好的消费。消费是指非营利活动的团体消费和个人消费，不包括生产性消费。

生产性消费是营利活动的资本投入，为营利活动开启和持续而处于投入状态的资金或资本性投入物，包括财产，都是资本。

资本等生产要素投入营利活动的盈余是所得。所得是要素的收益，是资本投入和消费的来源和前提，社会和市场机制使征税后的所得以资本投入和消费两种形式进入再生产循环，推动社会高效运行。

瓦格纳主张对所得征税，反对对资本征税，包括反对对法人用于营利活动的财产征税，同时认为消费是征税的选项。

"消费是征税的选项"也可以理解为"不主张也不反对"，主要是因为对消费征税优点、好处明显，如消费支出和税收支出同时发生，负税人容易接受，税源丰富充分可以普遍征收，等等；缺点、不足也不少，特别是增值税出现前对消费征税的办法，如难于消除重复征税和对资本征税不够中性，累退性不够公平，等等。

增值税是对消费征税的重大制度创新。我国引入增值税对货物生产销售、劳务服务提供实行"道道征税、道道抵扣"，并建立起了"进项税留抵退税"机制，全部资本性投入物所含增值税都会被抵扣或被退回，基本消除了重复征税和对资本征税，实现对消费（生活性消费）普遍征税；辅之对特定货物征收消费税、车辆购置税、烟叶税，形成新消费税体系替代传统工商税制，税收制度升级变迁与货物、劳务服务价格变动和经济运行互动总体良性友好，是税收理论特别是"七位一体"税收原则与中国税收改革实际结合的重大实践创新。

在现行消费税体系中，消费税没有完成立法，对消费征税的制度还有进一步完善的空间。现提出以下思路讨论。

第一，进一步消除重复征税和对资本征税的做法。如对经营货币这种特殊商品的金融服务征收了增值税，如果使用金融服务的纳税人不能被抵扣，既存在重复征税，也可以被理解为是对资本征税。

第二，将烟叶税并入消费税作为消费税的一个税目，税率、征收办法、收入不变。好处有三个：一是不改变由于征税将地方政府、烟草企业和烟农三方利益连接在一起的机制；二是可以减少一个税种；三是可以增加一种非常重要的政策工具，即对烟叶进口征收消费税（烟叶税），对出口烟叶退还消费税（烟叶税）。

第三，将增值税起征点现行标准作为最低标准固定下来长期坚持。西斯蒙第认为征税"不侵及纳税人最低生活费用"，纳税人月应税收入 10 万元，在扣除各种经营成本、费用后基本就只能维持 1 人最多 2 人的基本生活，不仅不应该征收增值税，包括可能涉及的个人所得税、印花税、城镇土地使用税、房产税等都不应该征收。这部分纳税人主要提供生活服务，主要功能是服务居民、解决就业，不征税也可以节省征税成本。

税源的选择和税种的生命

经济决定税收，经济税源变化是影响税种生命长短的决定因素，税收理论和征税办法创新对税种生命长短也有重要的影响。

以下简略盘点分析一下近年来我国已经废止了的几个税种。

（1）产品税和营业税。1994年1月1日全面改革工商税制，产品税被增值税、消费税取代，部分在收购环节征收产品税的农产品如烟叶改征农林特产税。2016年5月1日全面实施"营改增"后，营业税被增值税取代。

产品税和营业税被增值税取代，是专业化分工合作的产业体系发展和社会化大生产推动的结果，是"道道征税、道道抵扣""进口足额征税、出口退足税款"，有克服重复征税、消除对资本征税等优点的先进增值税制，代替了"道道以总收入为课税对象"、存在重复征税等问题的营业（产品）税制，是变革生产关系适应和促进经济高质量发展的重要抉择和革命性进步。

以增值税管理中的"虚开发票""骗抵税款"等枝节问题否定增值税，或返回征收产品税、营业税，这种想法并不符合实际，更别说运用于实践。

（2）农业税和屠宰税。农业税（包括牧业税、农林特产税）在2006年被彻底废除，同期对烟叶征收的农林特产税改征烟叶税（理由在"第七篇　中性原则——保持税负总体不变与中性"中已述及），屠宰税在2006年也被彻底废除。

这是彪炳史册的大事件，这表明我国带有自然经济、农业社会最为明显烙印的税种已经全部退出历史舞台，表明我国已经进入工商业经济发达的现代社会，经济税源结构发生了质的飞跃，第二、第三产业已经能为国家提供足够财政收入，不得不对农业征税的"无奈时代"已经过去。

（3）筵席税和盐税。筵席税于1988年实施，1994年下放至省（自治区、直辖市）管理后基本停征，2008年被废除，是我国征收时间最短、征税最少的税种之一，原因除了存在重复征税、起征点等政策不与时俱进显失公平、征管困难等外，最主要的是因为改革开放后人民生活才好起来，这个时候以"合理引导消费，提倡勤俭节约社会风尚"作为征税目的，限制"吃喝消费"令人民群众反感，突破了税收的功能底线。

盐税在1994年税制改革时分解为征收增值税和资源税，盐税废止也终结了将"盐"作为特殊商品征税的历史。盐是生活必需品，每个人都要吃，不论穷人富人吃的量也差不太多，不受价格高低影响没有价格弹性，对"盐"按普通商品征税是放弃可以征收高额税收的"好税源"，是社会进步、公平税负的重要选择。

第九篇

实质课税原则

税法的解释，应考虑其经济意义。"实质课税原则"是指对于某种情况不能仅根据其外观和形式确定是否应予课税，而应根据实际情况，尤其应当注意根据其经济目的和经济生活的实质，判断是否符合课税要素，以求公平、合理和有效地进行课税。

税法的解释应考虑其经济意义

什么是"实质课税原则"？很多专家学者都给出过明确的定义，但很少有人将"实质课税原则"与"公平原则""确实原则"等税收原则并列加以研究考察。

将"实质课税原则"提到这个层级、高度研究考察，是因为"实质课税原则"涉及税法解释、适用，涉及千变万化和复杂具体经济社会生活的特殊、鲜活情形，涉及全部税收原则在税收实践中的具体运用，是税收执法实践中需要坚持的一项十分重要的原则。

"实质课税原则"是判定经济事项、经济活动是否征税、如何征税、如何处置时，全面贯彻税收原则、准确适用税法的原则。核心要义是要全面理解税法原意，税法解释适用不拘泥于法律外在形式，不能只看某个税法条款及其字面含义；要全面掌握涉税事项全貌，不能只看到其中的某一部分或某几部分，尤其应当注意涉税事项的经济过程及其实质、意义；要将全面理解的税法原意和应当坚持的税收原则全面应用于全面掌握的涉税事项，让涉税当事人和人民群众能够从涉税事项的处置中感受到税法的公平正义。

定纷止争主持"公道"

"实质课税原则"通常隐于税收法定、税收确定的绝大部分涉税事项之中，不太引人注意，也不太被人重视，但在发生"税收争议"时，就需要其走上前台，定纷止争主持"公道"。其中的原因大致有三个方面。

税收法定解决了一般、普遍的问题，但再完备的税法也有一些特殊、复杂的涉税事项由于各种原因不能覆盖，需要"实质课税"解决适用问题，维护税法公平正义和税收法治。法治并不排除特殊问题的特殊处理。

税法一般比较稳定，税收立法源于经济社会实际和发展需要,但难免滞后于鲜活多彩的经济社会生活,一些新的经济社会生活事项如何适用税法无法及时明确但多有发生,继而形成税收争议,这时候就需要按"实质课税原则"处理,更好服务经济社会生活健康发展。

税收法定的一般形式是"成文法",但也需要"判例法"予以补充。税法适用追求涉税事项既符合税收法定形式,又符合税法内在精神,这是理想状态,大多数涉税事项的税法适用也都可以达到这种状态。但也有涉税事项看似符合税收法定形式,按看似符合法定形式适用税法则有违税法内在精神形成税收争议,这时候也就需要按"实质"重于"形式"的"实质课税原则"处理,形成"判例",完善税收法定。

"实质课税"是税法适用

有人认为,"税收法定"和"实质课税"如"鸟之双翼,车之两轮",其实不然。"实质课税"虽然是税收实践中很重要的税收原则,但两者并不能相提并论,"实质课税"只能是"税收法定"、税收立法的特殊形式,"税收法定"包含绝大部分"实质课税"。

"实质课税"主要是对那些有争议的具体涉税事项,依据税收原则和税法内在精神、税法原意进行解释的一种税法适用。在税收实践中主要应用并体现在税法解释、税收"个案批复"、反避税、重大税务案件办理、税收行政复议、税收案件诉讼等领域,处理涉税争议事项时做到情、理、法的有机统一。

税法解释

贯彻好"实质课税原则"需要全面准确理解"税法解释",但目前似乎没有对"税法解释"有明确的分类和确认的定义,有关税收法规都有税法解释的授权规定,如《土地增值税暂行条例》第十四条规定"本条例由财政部负责解释",《土地增值税暂行条例实施细则》第二十二条规定"本细则由财政部解释,或者由国家税务总局解释",在这种语境下税法解释似乎就仅指立法性解释,但就其税法解释的完整含义则并不全面。税法解释至少应该包括理解性解释、释义性解释、立法性解释和适用性解释。下面分别作简要阐释。

第九篇　实质课税原则

理解性解释

理解性解释是社会公众对税法的理解和认知。税法明确、没有歧义，公众税法知识越丰富，对税法的理解就越准确。

要让公众准确理解税法不是一件容易的事情，但我国做得很好，有很好的基础。尽管这样，仍然需要长期坚持做好科学立法、提高税法确定性、宣传普及税法和辅导纳税人学习税法等工作。

理解性解释，是纳税人履行纳税义务的基础。

社会公众、纳税人和税务机关对税法和涉税事项的理解、解释一致，是普遍和绝大多数的情况，这个时候"实质课税原则"隐于税收法定、税收确定之中，税法遵从顺利、"税企"没有争议。

不可否认，也有不少的税法理解和涉税事项适用税法问题，在社会公众、纳税人之间、税企之间，甚至是税务专业人员之间也会有不同的理解，这当然不奇怪但要重视，通过认真学习领会税法、做好税收普法宣传、提高涉税人员素质等方面的努力加以解决，大部分分歧一般也可以解决。

税收原则析论

释义性解释

释义性解释是立法机关或立法人员对税法的立法目的和背景、体现的税收原则、税法条款的含义、执行中的注意事项等所作的解释、解读，具有较高的权威性，对准确理解、执行、遵从税法有重要参考价值。

释义性解释虽然可以使理解性解释更容易、更统一，但一般不能作为税法本身作为执法的依据。

近年来我国推行税收法规政策文件和解读稿同步起草、同步报批、同步发布和解读的"三同步"制度，对于帮助纳税人和社会各界准确理解和执行税法，增强税法宣传的时效性发挥了积极作用，但释义性解释不可能事前预见适用税法的全部特殊事项，"实质课税原则"在其中也只能原则性体现。

立法性解释

立法性解释包括司法解释和行政解释。

司法解释的主体是国家最高司法机关，一般会对涉税犯罪的罪名含义、法律适用、量刑等作出解释，是相关法律的细化、明确，有很高的权威，不但在税收司法中必须遵守，对税法行政解释、行政执法也有很强的规范、指导作用。

税收法规的行政解释，主体是财政部和国家税务总局，是税收法规的具体细化明确，有部门规章、规范性文件，也有个案批复和指导案例。

立法性解释是回应和解决税法实施中反映出的突出问题的一种重要形式，一般都能较好地体现所解释的税收法律法规的立法精神和包括"实质课税原则"在内的各项税收原则，立法性解释实际上也是税收立法，解释权高度集中，所作的解释具有强制约束力。

我国当前的税收立法性解释，在范围、时效和水平等方面都还有很大的提升空间。

适用性解释

适用性解释是具体涉税事项的税法适用解释。

适用性解释不同于理解性解释、释义性解释只就税法文本涵义进行解释，是将具体的涉税事项适用到税法的条、款、项等详细的规定规范之中，得出确定性的、直接的税收法律结果（征税与否、征多少、如何征，处罚与否、罚多少、如何罚，等等），是具体行政行为。

它与立法性解释也不同，虽然都要解决税法实施中反映出的突出问题，但立法性解释主要解决多个、某类特殊性问题，同时也有权限和可能根据税法的立法精神和税收原则作出拓展、明确的解释，是抽象行政行为，具有普适性。

适用性解释则主要是解决涉税争议的个别性案件，是处理涉税争议的税务机关、税务人员或司法机关，根据涉税事项具体情况、税收法规文本涵义、税法的立法精神和税收原则，作出既符合税法规定，又符合客观实际，法理情相统一、涉税争议各方都接受的解释。

税法适用性解释的主体、层级多，限制多，要求高，要做好非常不容易，再难也必须下功夫做好，不能让有的"适用性解释"成为纳税人"说不出的痛""无法诉解的苦"。

税法的语义理解

税法解释要在全面掌握税法立法精神的基础上,准确理解"实质课税原则"和税法的概念、定义。

不同的经济事项适用不同的税收待遇或政策,就需要以不同的税收术语规范定义和表达,表达方式有叙述性规定、列举性定义、排除性解释、数据图片展示和案例辅助等。

大部分事项容易定义也容易理解,但也有部分概念或事项即便所有表达方式全部用上,也可能难尽全意。这就需要"融会贯通"地理解税法,也需要能够理解叙述性规定、列举性定义、排除性解释的不同,知道其中的"等"和"等等"、"如"、"包括"、"不含"等这些字词的含义。

当有了这些技能和素养后,一般就不会再问"紫薯"是不是"红薯"、"番茄"是"水果"还是"蔬菜"这类问题了。

税收争议有两种形态

如前所述,"实质课税原则"通常在发生税收争议时才会走到台前指导税收争议的处理。税收争议一般有两种形态。

一种是税务机关认为纳税人对经济事项的税务处理违背税法精神、不符合税收法规规定、侵害国家税收利益，争议的发起方或主动方是税务机关，提出的方式比较正式规范，化解争议的主要责任在税务机关。在这种形态中，如果税务机关给出的处置意见纳税人认为没有准确适用税法，损害了自身权益、有失公平正义不接受，那这种争议就转变成了第二种形态。

另一种是在日常的税收征管服务交往中，纳税人对税务机关和税务人员的"适用性解释"不满意、有异议，认为税务机关和税务人员的处理没有准确适用税法，有失公平正义，侵害了纳税人的权益，争议的发起方或主动方是纳税人，提出的方式比较多样，化解争议的主要责任还是在税务机关。

发生了税收争议都需要认真处理，及时有效化解，特别是纳税人主动发起的税收争议更需认真组织化解。运用"实质课税原则"于税收实践，特别是运用"适用性解释"处理好税收争议。

处理好税收争议要认真把握好五个方面的重点内容，分别是：（1）要有专业素养；（2）要有税收情怀；（3）要坚持"税法解释有利于纳税人"的原则；（4）要防止不作为和滥用"适用性解释";（5）要健全化解处置机制和畅通化解处置渠道。

关于要有专业素养

税收是科学，与财政学、法学、经济学、会计学等学科高度相关，税收工作涉及政治经济社会方方面面，专业性又非常强，并不能等同于一般的行政事务性工作。

从事税收业务工作，特别是从事税法解释、执法征管的人员，需要税收科学及相关学科的系统训练包括实践锻炼，才能具备基本的专业素养，掌握基本的工作技能，这是基础中的基础，否则根本理解不了税收、税法，更别谈解释税法、服务纳税人和经济社会发展。

补充税收专业人员，需要尽可能地招录经过税收学科系统训练的人员。不是凡受过高等教育的人经过普遍适用的"公务员考试"就能胜任税收工作，"初任培训"也难以替代院校进行的税收学科系统教育和训练。

税收原则析论

关于税收情怀

没有税收专业素养不可能很好地理解税收,更不可能真正热爱税收,也难有税收情怀。

税收情怀是热爱税收,视税收为事业,是追求税收真理的勇气和将税收理论、税收原则运用于税收实践的责任担当。

税收情怀是让税收真理、税收法治、税收原则犹如阳光雨露滋养纳税人和经济社会的追求,是让每一个纳税人在办理每一项涉税事务中都能感受到税收公平正义的努力,是让经济运行因税收更健康和社会因税收更美好的实践。

关于坚持"税法解释有利于纳税人"

"税法解释有利于纳税人"来自法治的本质,来自税务人员的"内心"即"良心",每一个人应该都很好理解,每一个执法者、每一个执法部门也都应该达成这样的共识,包括监督执纪部门。

当涉税经济事项适用什么税收法规不是特别清楚、应该缴纳多少税收或者如何缴纳税收等事项不确定的时候，分析原因肯定不能认为是纳税人从事了他不该进行的交易，而只能找到税法不完备这个结果。

认真分析每一项税收争议，纳税人相对于税务机关都是弱势的一方，在涉税经济事项适用税法不确定，或有多种可能解释情况下，落在纳税人身上的任何税法解释都应该是温暖的，都应该是纳税人可以承受的，都应该让人民群众感到公平正义。

关于防止不作为和滥用"适用性解释"

将"实质课税原则"运用于"适用性解释"，化解税收争议，很多时候都会面临"价值判断"认为应该解决，而"技术判断"又有很多障碍，解决起来由于费力费时和纳税人可能得利，如果没有建立起通过税收专业素养和税收情怀、担当精神化解争议的环境、渠道，就可能出现不作为和滥用"适用性解释"两种情况。

现实中，不作为的情况比较多见，包括没有税收专业素养、没有能力作为，也包括"多一事不如少一事"不想作为，还包括不想被人误解认为"为纳税人说话、站在纳税人一边"或"滥用适用性解释"不愿作为。

滥用"适用性解释"的情况虽不常见但确有存在的可能，这主要有三个原因：一是税收争议化解后纳税人可能得利，得利后可能会"感谢"解释裁量者；二是解释裁量者有一定的自由裁量权，并可能利用裁量权谋取私利；三是纳税人和解释裁量者有可能合谋滥用"适用性解释"，获取非法利益。

"不作为"和"滥用"都要不得。

关于要健全化解处置机制和畅通化解处置渠道

健全化解处置机制和畅通化解处置渠道，首先是畅通纳税人诉求的反映渠道和受理机制，纳税人的诉求税务机关都要能听到、收到。

有一种情形要特别重视，即满足不了行政复议前置条件又不能提起行政诉讼的税收争议事项，很多情形主管税务机关无力解决或不想解决，而纳税人因为必须长期接受主管税务机关管理、怕得罪主管税务机关又不敢或不便向上级税务机关反映，这就需要上级机关主动去倾听、发现。

其次是畅通办理的流程，有序衔接高效运转，要以适当授权和反映上报、专业剖析和集体决策相结合等方式，以专业素养、税务情怀和担当负责的实际行动真正解决纳税人的问题。

最后是要做实过程管理，全部过程公开运作，全部资料归档备查，既让纳税人满意接受，也经得住内外部审计、检查。

第十篇

诚实信用原则

"诚实信用原则"和"反逃避税原则"是处理纳税人与国家税收事务关系的重要原则,这两个原则既矛盾而又统一,是共同服务保障税法实施和税收功能实现的两个重要方面,犹如一枚硬币的两面。纳税人与国家的税收事务关系通常表现为纳税人与税务机关和其他处理涉税事项国家机关的关系。

"诚实信用原则"认为纳税人与国家是信任合作关系;"反逃避税原则"认为纳税人有逃避税动机,国家要防避税反逃税。

本篇专门讨论"诚实信用原则","反逃避税原则"下一篇再讨论。

诚实信用的来源

以"诚实信用原则"构建纳税人与国家的信任合作关系,至少包括五个方面的源头。

一是纳税人是社会财富创造和纳税的主体,理应受到国家的尊重。

二是税收"取之于民、用之于民",国家与纳税人整体利益一致。

三是纳税人依法纳税是履行义务，国家机关依法征税和处理涉税事务履行职责，纳税人和国家机关法律地位平等。

四是在没有违法证据时"无罪推定"，应该相信纳税人会依法履行纳税（人）义务，应该相信国家会提供优质纳税服务，相信国家会保障纳税人权益。

五是纳税人与国家及依法征税和处理涉税事务的国家机关之间既有经济法、行政法等公法法律关系，也有民商法等私法法律关系，是多种法律关系的复合体。

诚实信用保障税法实施

诚实信用保障税法实施是税收征收管理的最主要内容，是实施税法的主导价值、日常工作，涉及的主体包括纳税人和依法征税以及处理涉税事务的国家机关，税务机关主导工作推进，具体实现方式多种多样，核心是创造良好的税收环境、充分保障纳税人权益，让纳税人自觉自愿遵从税法、履行纳税义务。

以诚实信用保障税法实施要讨论和定义几个关键事项：一是纳税人义务，二是纳税人权利，三是税务机关义务，四是第三方权责，五是税务机关主导。

关于纳税人义务

纳税义务由好的税法（或法律授权）规定，好的税法体现法治精神、符合包括诚实信用在内各项税收原则，不同税种法条语义没有歧义，税法规定与实施能够一致，等等。

把"好税法"规定的纳税义务和纳税人义务区分开来，主要是想辨析一下纳税义务的含义和与履行纳税义务关联的纳税人义务有哪些，这需要有一个界定、划清一些界限。

纳税义务的核心是缴税，是金钱的支出。纳税人义务是缴税条件的满足和缴税的实现。

纳税人义务也应该"法定"，应限于法律或行政法规规定；应该"有限"，以满足缴税条件为限，不能留有"其他由主管税务机关要求提供的资料"等表述；应该"明确"，时间、地点、资料等要件规定须清楚、明白；应该"便利履行"，纳税人有条件履行、税务机关有能力监管。

没有能力监管或放弃监管便不会有义务。

税收原则析论

在《税收征管法》及其实施细则和相关税收法律、行政法规中规定的纳税义务，归纳整理包括10项：（1）依法进行税务登记；（2）依法设置账簿、保管账簿和有关资料以及依法开具、使用、取得和保管发票；（3）财务会计制度和会计核算软件备案；（4）按照规定安装、使用税控装置；（5）按时、如实申报；（6）按时缴纳税款；（7）代扣、代收税款；（8）接受依法检查；（9）及时提供信息；（10）报告其他涉税信息。其实，纳税义务只应包括其中的（5）、（6）、（7），其他的都是纳税人义务。

按"法定、有限、明确和便利履行"标准衡量，纳税人义务工作不论在立法层面还是在实施过程都还有很多提升的空间。

第一，由部门规章或规范性文件规定的纳税人义务应该要提高级别，由行政法规或法律规定，当然特别具体的事项可以授权部门规章规定。

第二，对按税种分别规定不够协调统一的同一事项要梳理表达一致，业务数据化，数据标准化，"一数一源一标准"，数据共享调用，避免重复提供。

第三，删除"及时""其他"等含糊表述，所有事项、时限都要具体明确。

第四，具体义务也有必要全面检视。举个"按时、如实申报"例子。

大型批发交易市场的业主、面向消费者个人不开发票的业户等纳税人普遍不会"如实申报"，原因与税务机关的执法能力不足、执法监管成本过高、各地监管力度不一等都有关，纳税义务形同虚设，是"法不责众"的真实表现。

这种状况下，如某一纳税人被举报或涉案等原因，税务机关投入足够力量查实其应纳税额，依法"责一"就会显失公平，不符合"诚实信用原则"。

改变这种状况还不如干脆免除应税收入只能维持经营者家庭生活（如年经营收入不足120万元）的小业主的增值税、个人所得税等税种的纳税义务。

第五，纳税义务、纳税人义务的税法规定与实施必须要一致，实施不了的不如不规定，规定了的必须实施到位。

实施到位光靠纳税人自觉履行靠不住，必须靠国家强制力及一整套有效的措施监管到位。国家与纳税人之间需要"诚实信用"的约定，监管不到位、实施不到位等于国家毁约，会严重影响纳税人自觉依法纳税。

监管到位、实施到位,确保纳税人依法履行义务,需要国家机关(税务机关)行使权力,特别是要持续加强税务机关的全面能力建设,现阶段最为重要的是数字能力建设,纳税人全量交易信息、全量资产信息都要采集、掌握、数字化,算准纳税人应纳税款,监控纳税人纳税情况。

第六,纳税(人)义务消失或免责。纳税(人)义务一般伴随纳税人生命周期,多税种反复产生,同时存在有意无意没有全部履行的循环往复的复杂情形,没有履行义务如何确定、如何追责,过期义务消失和免责的条件如何确定,这些问题需要按"诚实信用原则"约定和处置。

关于纳税人权利

纳税人有义务也享有广泛的权利。我国《税收征管法》及其实施细则和相关税收法律、行政法规规定的纳税人权利包括14项内容。

(1)知情权;(2)保密权;(3)税收监督权;(4)纳税申报方式选择权;(5)申请延期申报权;(6)申请延期缴纳税款

权；（7）申请退还多缴税款权；（8）依法享受税收优惠权；（9）委托税务代理权；（10）陈述与申辩权；（11）对未出示税务检查证和税务检查通知书的拒绝检查权；（12）税收法律救济权；（13）依法要求听证的权利；（14）索取有关税收凭证的权利。

这些权利是履行纳税义务过程中依法享有的权利，而不是纳税人因为纳税得到的、与纳税无直接关系的其他权益和利益。

仔细研究分析可以发现，与权利人会主动行使权利不同，纳税人一般不想、不会主动行使这些权利，通常在要正确履行纳税义务或自身权益可能受到侵害时不得不行使这些权利。

享有、行使这些权利，纳税人只是想维护自己的合法权利不因纳税而损害，只是需要税务机关提供纳税人正确履行纳税义务的条件和保障，核心是要求税务机关提供良好的执法和服务，正确实施税法，不损害纳税人利益。这是对税务机关的约束，与其说是纳税人享有这些权利，不如说是税务机关要尽这些义务。

关于税务机关义务

保障纳税人权利实现是税务机关的义务，义务即责任，14项纳税人权利对应作为税务机关的责任是以下14项要求。

"知情权"要求：国家机关（税务机关）全面公开税收法律法规和办税流程等与纳税人履行纳税（人）义务有关的全部资讯，"公开为原则，个案沟通为例外"，为纳税人正确履行纳税义务提供条件。

"保密权"要求：国家机关（税务机关）不泄露纳税人的商业机密和涉密数据（如发票、个税、社保等明细数据），"以保密为原则，公开（法律法规要求公开）为例外"处理纳税人涉税事项。

"税收监督权"要求：国家机关（税务机关）为纳税人监督提供条件，主动听取纳税人意见建议，主动接受监督，及时处置回应反馈，不断改进工作。

"纳税申报方式选择权"要求：税务机关要提供方便简捷实用的多种申报方式，尊重纳税人的自主选择，最好是信息系统能够自动处理。

"申请延期申报权"要求：税务机关合理设置延期申报的条件，提供便利申请的渠道，明确要求提供的简捷的资料。及时回应处置反馈纳税人的延期申报，最好是信息系统能够自动处理。

"申请延期缴纳税款权"要求：税务机关公开延期缴纳税款条件，明确要求提供的简捷的资料，提供便利的申请渠道，及时回应处置反馈纳税人的延期申请，最好是信息系统能够自动处理。

"申请退还多缴税款权"要求：税务机关提供便利申请的渠道，明确要求提供的简捷的资料，收到申请及时确认多缴的税款并退还纳税人，最好是信息系统能够自动处理。对于税务机关发现的多缴税款，由税务机关主动发起及时退还纳税人，而无需纳税人再行申请。

"依法享受税收优惠权"要求：税务机关将税收优惠政策全面及时公告公开，宣传解读释义，并将其优惠内容写入纳税申报表单和信息系统，便利纳税人及时准确享受。

"委托税务代理权"要求：税务机关尊重纳税人聘请税务专业中介机构代为办理税务事宜，鼓励发展和规范建设好税务中介产业，为纳税人委托税务代理创造条件。

"陈述与申辩权"要求：国家机关（税务机关）在处理纳税人税务事项中严格依法办事，要把法治精神贯穿在税收执法过程中，充分听取纳税人的陈述和申辩，让纳税人在办理每一项税务事项中都能够感受到公平正义，尤其在处理涉税违法事项时，要贯彻"实质课税原则"，把涉税事项处理得合情合理合法，法律效果与社会效果相统一。

"对未出示税务检查证和税务检查通知书的拒绝检查权"要求：税务机关严格税务检查管理，没有重大税收违法线索不进行税务检查。通过税收大数据分析，纳税人无风险不打扰，一般税收风险进行提醒提示，较大风险进行案头评估辅导，重大风险重大违法线索进行税务检查需严格审批后依法进行，包括出示税务检查证和税务检查通知书，检查中要充分尊重纳税人的"陈述与申辩权"等各种权利。

"税收法律救济权"要求：税务机关严格规范公正文明执法，在充分听取纳税人"陈述与申辩权"后作出处理处罚决定，如果纳税人有异议，可以申请行政复议或行政诉讼。当前突出的问题是将缴纳税款或提供纳税担保作为行政复议的前置条件不够合理。保障纳税人"税收法律救济权"需要公安经侦、检察、法院高度重视涉税案件的税收专业特性，公平公正办理，充分保障纳税人权益。

"依法要求听证的权利"要求：税务机关在普遍公告公开

"听证"法规的基础上,在处理涉税案件中如纳税人满足听证条件须告知纳税人可以申请听证。对纳税人的听证申请要及时受理处理,依规开展听证,充分的质证和辩论,充分听取纳税人的"陈述与申辩",更好服务作出依法合规合理合情的决定。

"索取有关税收凭证的权利"要求:税务机关充分了解纳税人需求,尊重纳税人意愿,列出纳税人应该或可以索取的税收凭证种类,公告公开获取途径,便利纳税人获取,并且不能收取任何费用。

关于第三方权责

纳税人和税务机关是"诚实信用"的关键"双方",构建国家与纳税人的"诚实信用"关系还涉及很多的"第三方",有理论思想建设和制度顶层设计的部门,有立法机关,有司法机关,有配合税务机关执法和服务的政府部门,还有为纳税人缴税和税务机关征税提供金融服务、技术支持等保障的企业事业单位和社会组织,这些"第三方"都很重要,都有重要的职责,涉及全社会税收共治的各方各面,在这里仅列举其中两项。

第一项是向税务机关共享与"算税"相关的数据。在数据共享层面，海关也属于税务机关，全国税务机关包括海关"算税"数据统一存放和调用。

向税务机关共享的"算税"数据，包括但不限于各类法人、自然人的状态和属性数据、资产权利人状态和属性数据等，与税务机关获取的数据共同核校，算出法人、自然人、资产权利人每一个纳税期是否征税、征什么税、应纳多少税款等，让纳税人明白缴税、无税可逃。

支持税务机关采集"算税"数据、向税务机关共享"算税"数据，是第三方的一项特别重要的职责，特别在"数字中国"建设的当下。

第二项是高效查处税收违法行为。税收违法行为危害国家税收安全和税收征管，得不到查处则建立不起与纳税人的"诚实信用"关系，必然危及纳税人自觉履行纳税义务。

高效查处税收违法行为需要税务、公安、监察、检察、法院等部门既各司其职又密切配合，纳税人一般税收违法主要由税务机关查处，税务人员的一般税收违法由税务机关配合监察机关查处。纳税人税收违法涉嫌犯罪（主要是危害税收征管罪）由公安机关侦查提交检察机关审查起诉法院审判，税务人员税收违法涉嫌犯罪（主要是徇私舞弊罪，包括徇私舞弊不征、少征税款罪，徇私舞弊发售发票、抵扣税款、出口退税罪）由监察机关侦查提交检察机关审查起诉法院审判。

危害税收征管罪包括：逃税罪，抗税罪，逃避追缴欠税罪，骗取出口退税罪，虚开增值税专用发票用于骗取出口退税抵扣税款发票罪，虚开发票罪，伪造、出售伪造的增值税专用发票罪，非法出售增值税专用发票罪，非法购买增值税专用发票、购买伪造的增值税专用发票罪，非法制造、出售非法制造的用于骗取出口退税、抵扣税款发票罪，非法制造、出售非法制造的发票罪，非法出售用于骗取出口退税、抵扣税款发票罪，非法出售发票罪，持有伪造的发票罪，一共14种罪型。

税收违法犯罪从违法行为看，主要是围绕"发票"做文章，涉"发票"的罪型达11个，"发票"问题需要认真研究。从税收违法犯罪结果损害看，主要是国家税收减少，包括逃税、逃避缴纳欠税、骗取退税。

希望有一天能够用"数字化"和"法治"支撑起"诚实信用"，没有人再用"发票"犯罪，让"税收"不再流失。

税收原则析论

关于税务机关主导

税务机关是纳税人履行义务和实现权利的关键一方，税务机关的能力、能够为纳税人履行义务和实现权利提供的条件和服务的水平，决定纳税人义务履行和权利实现的程度。比如发票管理是税务机关的职责，如果税务机关不主导或没有能力管住管好"发票"，那么利用"发票"逃税骗税、不履行纳税义务、违法犯罪就不可避免。但如果税务机关主导推进"足量交易发票数字化"等措施，建成了"智慧税务"，提升能力管住、管好了"发票"，纳税人就不可能再利用"发票"逃税骗税，涉"发票"犯罪就不会再发生。

没有人用"发票"实施犯罪、"税收"不再流失是全社会的美好愿望。实现这个美好愿望需要全社会共同努力，但税务机关是其中的"主导"角色。税务机关"主导"涉及税收工作的方方面面，最主要的无疑是主导税法的实施，为纳税人履行纳税义务和实现权利提供条件。

税务机关"主导"税法实施，做到税法规定与实施一致，构建税务机关与纳税人的"诚实信用"关系，是实施税法的最高目标。要实现这个目标，只在税法实施环节发力还不够，在税收理论研究、税收立法、税收宣传等方面都要全面推进。

在税收理论研究方面，需要税务机关主要是税务总局"主导"，组织高等院校、社会各界，对包括治税思想、税收原则、产权与税收、税收转嫁等税收基础理论在内的税收各方面作系统研究，推出系统权威成果，引导全社会形成"好的税收"和"不好的税收"等理论共识，如"诚实信用"作为一项税收原则也需要系统论述进一步形成社会共识，弘扬税收法治，推进国家与纳税人"诚实信用"税收关系形成。研究税收原则通俗地讲就是为了分清"好的税收"和"不好的税收"。

在税收立法方面，发挥税务机关是税收立法推动者、重要参与者，甚至是税法草案起草者的重要作用，对纳税义务（纳税人义务）赋予、增加或减少或其他各个方面，税务机关都给出扎实、系统和时代化的税收理论支撑，作出税收理论与税收法条文本关系的详实阐释，对实施税法的能力与可能结果、税收与经济社会关系互动机制等，也都需要作出有说服力的预判，全面推进税收科学立法，建立起符合"税收原则"理论、顺应时代要求、税法规定与实施一致的"好税制"。

税收原则析论

在税收宣传方面，要让人民群众感受到税收是好的。人民群众感受到的税收、社会公众舆论中的税收，构成了社会的税收心理和税收意识形态。做好税收宣传，让人民群众感受到税收是好的，构建国家与纳税人的"诚实信用"关系就有了好的群众基础和社会环境。我国持续30多年开展税收宣传月活动，每年确定不同的主题，如"依法诚信纳税，共建小康社会""税收·发展·民生""税惠千万家、共建现代化"等，都与人民群众对美好生活的向往相关，就是向社会公众宣传"好的税收"，让人民群众感受到税收是"好的"。"好的税收"带来美好生活，美好生活需要"好的税收"。

第十一篇
反逃避税原则

将"反逃税"和"反避税"合成"反逃避税"一个"词"不能被检索出来，作为一个"税收原则"没有先例需要系统论述，作为"一件事"在税收实践中需要做到位。

在税收研究中，"逃税"和"反逃税"、"避税"和"反避税"的论述似乎都不够系统和丰富；在税收实践中，"反逃税"和"反避税"似乎是两条平行的线。

逃避税不可避免，反逃避税也不可避免

有税收就会有"逃税"、有"避税"，这是税收"无偿"征收和纳税人"逐利"的特点共同决定的，这个结论不需要论证。但是，"逃税""避税"的程度确跟以下因素有关。

税负越重，纳税人越愿意冒险逃税、避税。反之，税负越轻，纳税人越没有逃税、避税的意愿，但不可能杜绝。

税收法规越完善严密，逃税、避税越难。但是，税法再完善也不可能杜绝逃税、避税。

税务机关监管能力越强，逃税、避税越少。但是，税务机关监管能力再强，也有监管不到位的时候、监管不到位的地方。

反逃避税力度越大措施越有针对性,逃税、避税越少。但不论怎么反,逃避税也不会绝迹。

政府公共服务越好,纳税人越不愿意逃税、避税。但再好的公共服务也止不住"逐利"本性。

社会对逃避税容忍度越高,逃税、避税会越普遍。社会对逃税避税的容忍度,与税制的好坏、社会法治氛围、社会文明健康程度相关。

有"逃税"就必须"反逃税",有"避税"就必须"反避税",这是国家维护税收利益、税收法治的必然选择,是个自然的逻辑。"逃税"和"避税"有造成税收收入流失和破坏税收法治的共同特征,有其滋生的共同土壤,需要一同治理。

反逃税和反避税

"反逃税""反避税"是税收"强制"的具体表现和现实基石,没有"反逃税""反避税",税收"强制"就会落空。没有税收"强制",也就不可能有纳税人与国家的"诚实信用"。不仅如此,没有税收"强制",所有的诸如"公平""确实""充分""中性""弹性""国民经济""社会政策"等税收原则都不可能坚持，所有的诸如"组织财政收入""调控经济"和"调节收入"等税收功能都会丧失。"反逃避税"是国家税收体系中非常重要的一环，地位十分重要不容置疑。

具体如何"反逃税"、如何"反避税"并不完全相同，需要有针对性的措施。

逃税和反逃税

逃税是指纳税人采用非法手段逃避缴纳税款的非法行为。"非法行为"包括"非法手段"和"非法后果"。逃税通常也被称为"偷税""骗税"。

"非法手段"主要包括隐匿账簿、记账凭证，或者在账簿上多列支出或者不列、少列收入，假报出口，或者报送虚假的纳税申报表、财务报表、代扣代缴、代收代缴税款报告表或者编造减税、免税、抵税、先征收后退还税款等虚假申请资料等欺骗、隐瞒手段。

"非法后果"主要包括进行虚假申报缴税或者不申报缴税，

骗取退还税款，不缴或者少缴已扣、已收税款。

不违法不能被认定为"逃税"。"逃税"不仅违法，还可能构成犯罪。

对税收违法犯罪行为必须予以坚决打击，"反逃税"包括"打击逃税犯罪"，但两者并不能等同，"反逃税"的内容要更为丰富。

避税和反避税

避税是指纳税人以违背"商业常规"或"独立交易原则"的方式规避缴纳或减少缴纳、延期缴纳税收的行为。

避税不论是以机构新设、裁撤或是选择注册地点，以及以投资或者融资、购买或者销售的计价、收付、核算等什么形式出现，背后都有获取税收利益的动机，其表现形式上虽不违反税收法规，但不符合"商业常规"或"独立交易原则"，没有正当商业理由，实质性的目的是规避缴纳或减少缴纳、延迟缴纳税收。

对这类行为要按"实质课税原则"要求征税、征足税，"避税"必须要"反"。

"避税"一般不涉及犯罪,"反避税"没有"打击犯罪"的含义。"反避税"的重点是国际反避税。

逃税和避税

逃税和避税哪个更难判定?避税更难。"逃税"是个贬义词语(如果有"负性"的说法可能更恰当),逃税非法,在理论和实践中虽然也很复杂但都比较好判定。避税则不一样。

有人认为,"避税"是"节税"的含义,可以作为一个中性词解释;避税是"正确依法缴纳应该缴纳的税收,不缴纳不应该缴纳的冤枉税收","法无禁止即自由","不违反税收法规"的行为不应该"反",还应该鼓励。

当然也有人认为,没有不违反税收法规的避税,即便形式上不违法,实质上也是侵蚀国家税收,"利用税法漏洞、地区税收差异、不购买含税物品、让利销售等手段减少纳税"的行为也是避税,要坚决地"反"。

这两种理解都不够全面,但它使得"避税"在理论上相互矛盾,认识上难以统一,实践中标准不同、宽严不定。

判定"避税",须从形式手段、内容实质两方面做到四看,即:一看是否违反税收法规,二看是否违背"商业常规"或"独立交易原则",三看是否规避纳税义务减少应纳税额、延迟缴纳税款,四看是否有实质性的商业目的还是纯粹规避缴纳税收。只有全面看清楚并经综合判断,才能作出准确的判定。

逃税和避税谁的危害更大?自然是逃税。逃税是非法行为,直接、显性、"传染性强",所有纳税人都可能逃税,面宽、量大、"积重难治"。避税则比较隐蔽,主要发生在比较大的企业或企业集团,避税治理当然也不容易。

避税"避"的是什么税?目前在我国的"反避税"研究和实践指向的"税",基本上是特指对"所得"征收的税,特别是指对"法人所得"征收的税,常见的避税的方式有:在避税地设立受控外国公司延期纳税、"转让定价"转移利润避税、资本弱化避税等。甚至有人认为,避税主要发生在跨国企业,反避税就是"国际反避税",实质是维护税收主权。

跨国企业"避所得税"确实是避税的"主要所在",也是反避税的重点对象,但显然不是避税的全部,所有纳税人都有可能"避"所有的税。将避税研究和实践限于跨国企业等部分纳税人、限于所得税等少数税种，虽然突出了重点但没有兼顾一般，限制了"反避税"的思路、视野，也限制了"反逃避税"的联动思考和探索。

国内企业存不存在避税呢？当然存在。有的国内企业将注册地与生产经营地或机构所在地分离，就有避税的嫌疑。国内企业避税，不仅避所得税，也避其他税种。所有纳税人、所有税种，都是反避税的工作对象。

消费税有没有避税？当然有，甚至还比较严重。

消费税有"在生产或销售单环节一次征"的特点，有的纳税人就会将要征税的生产环节拆分为生产和销售两个看上去独立的环节，人为压低消费税计税依据，减少应缴消费税。比如，在生产和销售两个环节，表面看由两个法人企业独立运行，其实质是两个法人企业都受控于第三方，利益完全一致，目的就是规避、逃避缴纳消费税，没有其他商业功能。这种做法在税率较高的消费税征税品目生产经营中比较常见。

消费税还有"点名确定部分消费品征税"的特点，有的纳税人就会将相同功能、同一用途的产品赋予新的称谓，把应征消费税的习惯叫法和税法上的规范名称改为其他新名称再进行生产销售，逃避缴纳消费税。

增值税有没有避税？当然也有。

增值税对部分货物和服务规定免税、低税率、适用征收率或"低征高扣"、"先征后返"、划分一般纳税人和小规模纳税人，在体现各自政策功能的同时，也都为避税创造了更多的可能。

对农业生产者自己生产销售农业产品免征增值税、对购进免税农产品的增值税一般纳税人允许计算抵扣进项税额等一系列免、征、抵、退增值税规定，初衷是扶持农产品生产，增加农民收入，政策效果总体也是好的。但由于在实施中不能解决"自己生产销售"由谁判定和如何判定、交易真实和交易价格真实性等关键问题，这一规定被普遍认为是增值税法规的"最大制度陷阱"。税务机关想"管好"但没有办法、做不到，"严管"会被斥责影响农业生产、影响营商环境，"松管"不能控制恶性虚开发票、骗抵税款，都会被认为是不尽责，要追责问责。

规模不大的纳税人（利益主体）注册若干经营主体为独立纳税人，分散生产经营收入，使每个经营主体的应税收入达不到起征点，可以做到逃避税（不缴税）。按一般纳税人计税办法征税税负较高的纳税人（利益主体），采用同样的办法，即注册若干经营主体成为独立纳税人，分散生产经营收入，使每个经营主体的应税收入都达不到一般纳税人标准而选择按小规模纳税人征收率缴税，也可以做到逃避税（减少应纳税额）。

以上对消费税、增值税的分析，虽然叙述了"避税"的主要原由和特征，但在结论上没有确定地表述为"避税"，而是"逃避税"，这主要是因为有这些特征也不排除有"逃税"的可能。判定"逃税"或"避税"在税收实践中需要在全面考察各项要件后审慎决定。

其他税种存不存在避税呢？也存在，只是避税的程度可能低一些，反避税的难度不及企业所得税、消费税、增值税。

每个税种都可能存在逃税。应纳税额计算越复杂的税种越容易逃税，反之，应纳税额计算越简单的税种越不容易逃税。

应纳税额一层结构的计算是简单计算，如：应税销售收入×税率，或应税数量×定额税率。简单计算确定应纳税额的税种包括消费税、烟叶税、车辆购置税、印花税、车船税、城镇土地使用税、房产税等，这一类税种有一个共同的特点：计税依据直接表现为应税资产、货物的数量或交易的金额，没有复杂的构成因素和计算过程，很难全部隐瞒。

税收原则析论

对于一个持续经营的纳税人，要隐瞒全部应税收入不缴税会很难，有两个原因：一是自身都会感觉隐瞒全部应税收入与实际生产经营情况出入太大"太为过分"；二是被税务机关发现逃税的风险非常大。当然，要隐瞒部分应税收入逃避部分税收是可能的。

应纳税额两层结构以上的计算为复杂计算，计算的层级步骤越多，表明决定应纳税额的因素越多，某个因素变动都会引起相关项目数额增减改变计税依据。确定计税依据的计算过程越复杂，准确计算确定应纳税额也就越难，逃税的空间也随之变大，如企业所得税、个人所得税、增值税、土地增值税。

以增值税为例，应纳税额＝销项税额－进项税额。纳税人要逃税，既可以通过减少销项税额或增加进项税额做到，也可以同时减少销项税额、增加进项税额做到，并且只要做到进项税额与销项税额相等就无需缴税。隐瞒全部销售收入很难，隐瞒少部分应税收入做到销项税额等于进项税额很容易很简单，也不容易被税务机关发现。原因也有两个：一是隐瞒少部分生产经营收入与实际情况出入不大，纳税人自身心理负担不大，也"不引人注意"；二是这部分收入可能是不开发票收入，税务机关监控不到，被发现的风险不高。

决定企业所得税应纳税所得额的因素比增值税更多，要逃避缴纳企业所得税比逃避缴纳增值税更容易，被税务机关发现的风险也更低。

逃税的手法手段千千万，但最终都可以追溯到单独或同时隐瞒应税收入（数量）、虚列成本费用和税前扣除项目，不申报或不如实申报应税收入（数量）、应纳税所得额。现实中的每一笔应征的税收绝大部分也产生于经济活动的交易，交易双方的收入、支出是绝大部分逃税手法的聚焦点，反逃避税要做到纳税人"不能"逃税，就要做到税务机关全面掌控经济交易双方的以交易金额、交易内容、交易时间为主要内容的全部信息。

反逃避税

如何把逃避税降到最低，如何做好反逃避税工作，需要全面统筹谋划、全面系统治理，让纳税人不愿逃避税，让纳税人不能逃避税，让纳税人不敢逃避税。"不愿、不能、不敢"绝对做到也许不可能，但"无限接近"，应该努力达成。

让纳税人不愿逃避税

让纳税人不愿逃避税，关键是开征的税收要符合"税收原则"，让纳税人觉得税收是好的。这里面有两层含义，一是"现实的税收"确实是好税收，二是社会对"现实税收"有"好税收"的共识。

"好税收"并没有绝对的标准，但认真研究"税收原则"后能够得出一个结论："好税收"是体现"税收原则"，平衡国家、社会和纳税人利益，符合当下国家经济社会发展的"合理税收"。但从纳税人的角度看这还不够，"好税收"的评判标准，还有"法治廉洁高效的政府"和税收用之于民的好公共服务，等等。好税收有利于提高国民道德水平。

除此之外，从普通纳税人的直观感受考察，税收的好与不好，主要会从哪些具体的方面来评判呢？试着列举如下三个方面：

一是税种少比税种多好。这种朴素的认知背后，其实是表达征税范围不能太宽、征税环节不能太多,不能对什么都征税。"合理的税收"要求慎重选择税源,科学确定税种、征税的环节和纳税人,能向法人征的税就不向自然人(家庭)征,能向卖方征收的就不向买方征,能作为价内税就不作为价外税,主动的税收好于被动的税收。

二是税负轻比税负重好。轻税为仁,重税则苛。征税犹如拔鹅毛,既要拔到"充分"的鹅毛,又不能不加区别地对所有的鹅都拔,都拔同样的数量,还要让被拔毛的鹅不感觉痛。"合理的税收"要求税收负担公平合理,量能负担,让每个生产要素的投入有合理报酬,激励财富创造。宏观税负需要测量,微观税负更能反映纳税人的感受,包括自然人(家庭)税负(年度包括价内税的全部现金税收支出与年度全部收入性现金流入的比例)在内的微观税负也应该开展统计监测。

三是无感税收比有感税收好。将税收嵌入生产经营决策和定价的底层逻辑,决策者对税收有感,执行者和社会公众无感;对收入、财产仅能维持其体面生活的大多数自然人(家庭)和小业主不征税,让他们感觉不到税收(不直接负担税收);税收不深度介入纳税人生产经营,不干扰纳税人决策选择和财富创造,

"无风险不打扰",知道有税收犹如知道有空气感觉不到的税收,就是最好的税收。纳税人完全无感做不到,也要努力做到少打扰。

让人民群众和纳税人感觉税收是好的,接受"合理的税收"就是好税收,从税收理论研究、税收科学立法到税收的执法、征管、服务实践都要长期协调一致地坚持推进,做好税法普及和税收宣传、牢牢把握好税收话语权也是必不可少的重要一环。

让纳税人不能逃避税

让纳税人不能逃避税,关键是要让税法没有漏洞,税务机关能够全面获取和有效利用应税信息,智慧算税,协助纳税人算准应纳税收。税法没有漏洞比较容易做到,更难的是应税信息的全面掌控和算准纳税人应纳税收。

以税法、税法实施条例、规范性文件构成的税种实体法和征管程序法体系,对各税种的征与不征、向谁征分别征多少如何征在哪征、减免缓退返罚、纳税人权利义务、税务机关权利责任等必须由税收法规规定的事项,都以叙述性规定、列举性定义、排除性解释、数据图片展示和案例辅助等形式，规定得清楚明白，税法的立法性、释义性和适用性解释权也都掌握在国家手中，税法没有漏洞有条件做到。判断税法有没有漏洞，一个重要标志就是有无"反逃避税条款"。

"反逃避税条款"指的是防止纳税人逃避税的法条规定。如：

增值税、消费税关于"价外费用"是应税销售额的规定；

增值税关于"视同销售""视同交易"的规定；

企业所得税关于"纳税人与其关联方之间的业务往来，不按照独立企业之间的业务往来收取或者支付价款、费用，以及实施其他不具有合理商业目的的安排而减少其应纳税收入或者所得额的，税务机关有权按照合理方法调整"的规定；

适用于全部税种的关于"纳税人申报的计税依据明显偏低又无正当理由税务机关有权核定应纳税额"的规定；

车辆购置税关于"纳税人应当在向公安机关交通管理部门办理车辆注册登记前，缴纳车辆购置税"的规定；

……

这类条款聚焦税制核心要素如征税范围及税目、计税依据及纳税环节等作出规定，每个税种法条都有相应的规定，税收征管法也有适用于各个税种的相关条款。

另一类"反逃避税条款"是获取应税信息的规定，如：

关于"税务机关是发票的主管机关，单位、个人在购销商品、提供或者接受经营服务以及从事其他经营活动中，应当按照规定开具、使用、取得发票"的规定；

车辆购置税关于"税务机关和公安、商务、海关、工业和信息化等部门应当建立应税车辆信息共享和工作配合机制，及时交换应税车辆和纳税信息资料"的规定；

……

有"反逃避税条款"，税法完善科学，制度严密没有漏洞，对"纳税人不能逃避税"十分重要。

对"纳税人不能逃避税"更为重要的是"全面获取和有效利用应税信息，智慧算税，协助纳税人算准应纳税收"。目前我国已经具备做好的条件。这些条件包括但不限于：

主体实名和数字化。所有类型的法人、自然人都是或都可能是参与社会生活和经济活动的主体，每一个主体被赋予唯一代码，实名参与社会经济生活，承担责任、履行义务，主体实名和数字化，形成不重不漏的国家市场主体名册库，作为智慧算税的基础设施,"智慧算税"可以给每个市场主体"算税"。

应税资产实名和数字化。机动车船、土地房屋等可能征税的财产实名确权登记和数字化,既是产权保护的需要,也为"智慧算税"提供了条件。对财产征税如果是"从量计征",即便是分等级、分区域从量征收,数字化智能算税就比较简单,如果是"从价计征"就会要难一些。

应税交易开具发票和发票数字化。境内应税交易在国内市场主体之间进行,法人之间的应税交易必须开具发票;法人与个体工商业户、自然人的应税交易法人必须要开具或取得对方开具的发票;个体工商业户之间及个体工商业户与自然人之间的交易鼓励开具发票,自然人之间非须法定登记的标的(须法定登记的标的指如房屋、土地、车辆等)交易可不开发票(视为非应税交易)。境内市场主体与境外的交易有海关、外汇管理等部门共同监管,进出口数据也能够被记录和监管。

"有买必有卖,有进必有销",利用发票数据和共享的其他数据以及应税交易在交易双方形成的交叉审计比对机制,以及国家的财务监督、审计监督和法人财务自律等机制共同配合,每一个市场主体的绝大部分应税交易都能够被记录和比对确认。这是

"智慧算税"的数据主体,需要久久为功,持续推进完善,其作用"善莫大焉"。

应税收入和税前支出收付数字化。非现金支付越来越便利,现金支付越来越少,非现金社会已然到来。应税收入取得和税前支付数字化、非现金化,相信只要在规范引导、监管提醒等方面持续下功夫很快就会实现,这些收支数据是"智慧算税"数据的重要组成部分,"智慧算税"会辅助你算好你的应缴税金,甚至比你更"懂"你的收支和应缴纳的税收。

算税智能化。税收监管数字化是全社会数字化转型的一部分。机动车船、房屋土地实名登记和数字化,应该可以算出机动车船、土地房屋所有者应缴的车船税、城镇土地使用税和房产税,甚至算准占用耕地的耕地占用税。

你的进项税额是别人的销售税额,你的成本费用或支出是别人的收入,计算增值税销项税额的销售额与企业所得税的应计税销售额一定有必然的逻辑关系,等等。"智慧算税"可以算出纳税人应缴的增值税、消费税、车辆购置税、烟叶税、土地增值税、企业所得税等全部应缴的税收,不应该感到奇怪。

拥有市场主体、应税财产、应税交易、资金收支、财务核算、纳税申报等的海量涉税数据，依托和利用现代计算技术实现"智慧算税"，辅助你算准应缴税收，提示你"应纳税额不低于……"或"应补退税……"，应该很快就能做到并且能够做好。

相信"不能逃避税"的法治化的营商环境、公平的税收环境不久就会成为现实。

让纳税人不敢逃避税

让纳税人不敢逃避税，关键是要及时发现逃避税，妥善处置逃避税，激励税法遵从。让纳税人"不愿、不能"逃避税的工作做得再好再到位，逃避税只会减少不可能灭绝，让纳税人"不敢"的措施必须跟进。

及时发现纳税人逃避税有很多方法，比较传统的如：内部知情人或利益相关方举报、税务人员利用公开信息分析发现、对纳税人特别是重点税源分期分轮次全面检查等，这些方法的效率、精准性都不高，分期轮查还会引起守法纳税人的反感。与时俱进，比较好的方法是依托信息系统、数据和算法，结合"人的丰富经验",精准识别和定位逃避税风险,分风险等级应对和处置。

低风险通过信息系统提示纳税人整改。

中风险通过信息系统警示、限制纳税人使用发票系统、税务人员辅导等方式整改。

低风险、中风险事项,整改到位后风险消除,纳税人完整权益恢复。

高风险事项处置是让纳税人不敢逃避税的重点,只有将高风险事项处置妥当,才能形成有效震慑。这其中要把握好的重点有四项。

要能够发现。全量市场主体、全部税种的涉税数据全面采集(包括共享)后,须根据不同税种税收与涉税数据的经济业务逻辑、税种之间的业务逻辑,归纳高风险特征,开发高效算法,高密度进行全量运算筛查,高风险事项必须要能够被全面及时发现,让逃避税无处藏身。这要成为智慧税务建设的一个重要目标,相信我国的金税工程能够实现这一目标。

要能够及时阻断。发现高风险事项信息系统即时对纳税人发票使用、退税等可能危害税收安全和税收秩序的行为进行限制,终止危害。需要在已有成功实践的基础上不断完善。

要全面查清。无风险不打扰,有风险特别是有高风险事项,必须全面查清。一般高风险税务案件,税务机关专业的税务稽查和反避税调查力量能够查清;复杂的高风险税务案件甚至是涉及公职人员内外勾结、涉嫌犯罪的案件,需要税务、公安、监察等机构各司其职、发挥各自优势,协调配合,全面查清,不选择性办案。

要依法惩治。对逃避税的处理需要有过罚相当的处理处罚法规体系,包括限制发票使用、停止出口退税、限制出国(境)、限制高消费等权利限制措施,包括追缴税款、加收滞纳金等挽损措施,没收非法所得、罚款等行政处罚措施,也包括对涉税犯罪的刑法处罚等。我国刑罚规定包括拘役、有期徒刑、罚金,最高可判无期徒刑。行政执法和刑事司法有效衔接,在查清案情的基础上全面准确适用处理处罚措施,是让纳税人"不敢逃避税"的重要威慑。

"纳税"与财富创造和生产经营持续进行密切联系,反逃避税是为财富创造机制固本培元、创造环境,反逃避税工作技术性、专业性强,要高度重视反逃避税力量建设,在税务、公安、检察院、法院都要建设一支高素质专门力量,让每一个反逃避税案件办理都让人民群众感受到公平正义,为纳税人创造财富纳税保驾护航。

"反逃避税"的另一面是"诚实信用",对纳税人实行纳税信用等级评价并赋予相应的激励惩戒措施,是"反逃避税"和"诚实信用"两个税收原则的有益实践。

第十二篇
社会政策原则

"社会政策原则"和"国民经济原则"都是相对独立于其他税收原则各自为"一组"的税收原则。

"国民经济原则"是将"公平""确实""便利""节省""充分""弹性"和"中性"等税收原则"七位一体"融汇运用于经济活动，讨论的重点是税制的内在价值和机制及其与国民经济效率的关系，目标是更高的效率，更多的财富和税收。"社会政策原则"要讨论的则是，体现了前述全部税收原则（十一个税收原则）的"税收"需要解决的社会问题，希望达成的社会目标，比瓦格纳指的"普遍征税"和"公平征税"内容要更丰富。

社会政策原则

"社会政策原则"指的是税收在发挥组织财政收入基本职能的基础上，不仅要发挥调控经济和调节收入职能，还要为实现政府的经济、社会管理职能服务，将税收作为政府治理体系和治理能力现代化的重要方面和重要手段、重要工具。"社会政策原则"要讨论的重点是税收与社会生活方方面面的关系，研究税收在国家富强、社会公平、文化繁荣、生态优美、民生改善和人民幸福等方面能够做些什么、如何做得更好。

"社会政策原则"坚持"市场在资源配置中的决定作用",但同时强调和重视政府在经济和社会治理中"发挥更好作用",通过税收弥补和矫正"市场失灵"。

"税收社会政策原则",也可以理解为"税收社会政策功能原则"。税收发挥社会政策功能有三个逻辑要点。

一是,有税收组织财政收入这个前提,没有这个前提就无从谈税收的社会功能,而不是相反。税收的社会政策功能与组织财政收入等经济功能哪个更重要呢?一般是经济功能优先于社会政策功能,但也有特殊的情况。

二是,税收的社会政策功能是通过对法人、自然人的所得、财产(资本)和消费征税,通过调整纳税人的财产(经济)权利(仅限于此),进而影响纳税人的选择。法人、自然人的政治权利、文化权利和人身权利等领域不是税收直接调整的范围。

三是,因征税引起的纳税人选择改变,有可能对包括政治权利、文化权利和人身权利产生影响,甚至影响国民道德水平,这种影响就是社会政策后果。

不论从税收的属性还是从税收发挥社会政策功能的这三个逻

辑要点分析，都可以得出如下结论：

（1）税收有社会政策功能要发挥好。

（2）税收的社会政策功能作用有限，有发挥作用的领域和边界。

（3）税收社会政策功能的发挥有激励或限制作用，但作用都是辅助性的。

（4）税收发挥社会政策功能运用的是经济手段，只能对纳税人的行为选择起到激励或抑制作用，不能禁止或强制。

社会政策原则实践

在我国现行征收的税种中，开征的基本目的和首要功能属于实现社会政策目标的有两个，一个是耕地占用税，征收是"为了合理利用土地资源，加强土地管理，保护耕地"（税种法条第一条的明确表述）；另一个是环境保护税，征收是"为了保护和改善环境，减少污染物排放，推进生态文明建设"（税种法条第一条的明确表述）。两个税种的社会政策功能优先于组织财政收入等功能，目的是通过征税增加占用耕地和污染物排放的成本，弥补市场失灵，实现"保护耕地"和"保护环境"。

除此之外的税种，其首要功能都是组织财政收入等功能，当然也有社会政策功能，也极其重要，是税收的另一项重要使命。

税收原则贯穿于税收实践，税收实践与经济社会互动作用，达成社会政策目标。这些目标主要包括：（1）维护国家（税收）主权和安全；（2）维护社会主义市场经济体制和基本经济制度；（3）稳定经济预期和促进经济增长；（4）促进区域协调发展和共同富裕；（5）支持社会事业全面发展；等等。实现方式灵活多样，如：税收法定征税范围和纳税人、差别税率和减税免税等。下面分别作简要阐释。

维护国家（税收）主权和安全

税收主权是国家主权的重要组成部分，国家能够全面行使税收主权是国家独立自主的重要方面，对维护国家主权、安全和发展利益有极其重要作用。

如企业所得税，对设在我国境内的法人单位的全部收入，不论来自境内外都须依我国税收法规征、免、抵税；对在我国境内只设立非法人单位或不设机构取得来自我国境内的收入，也须依我国税收法规征、免、抵税。

又如个人所得税，在我国境内有住所，或者无住所而一个纳税年度内在我国境内居住累计满183天的个人，从中国境内和境外取得的所得，都须依我国税收法规征、免、抵税；在我国境内无住所又不居住，或者无住所而一个纳税年度内在我国境内居住累计不满183天的个人，从我国境内取得的所得，也须依我国税收法规征、免、抵税。

在这里特别对"我国境内"的"境"作一说明。税收法律表达的"我国境内"或"中国境内"语义中的"境"，是指"关境"，而不是"国境"，国境内关境外属于其他关税区，如我国香港、澳门，不同的关税区适用不同的税收法律，当然这些税收法律也都是我国的法律。

在我国境内的单位和个人、出入我国关境的货物和服务，征不征税、征多少税、如何征税等税收问题，由我国税收法律规定。

行使税收主权还包括积极、自主参与多边、双边国际税收合作和国际税收治理，解决双重征税、恶性税收竞争、反避税等问题，分享和借鉴税收治理经验、技术，服务"走出去"企业和高水平对外开放，等等。

在维护国家安全方面，我国税收对国防安全、粮食安全、社会稳定和安全、能源和战略性矿产资源安全等重要领域都发挥着不可替代的重要作用。

维护社会主义市场经济体制和基本经济制度

税收有市场经济的基因，说税收与市场经济、法治经济、产权制度孪生也不为过。

我国税收的中国特色社会主义性质，决定了税收法律法规对不同所有制的市场主体一视同仁，不会区别不同所有制市场主体制定税收法律法规，更不会歧视某类所有制纳税人。

我国税法鼓励生产要素按市场规则配置，不限制在国内流动；税法不干预纳税人的注册地、组织架构和商业模式选择，如有则须纠正；对小型微利企业实行低税、免税，对企业改制重组给予特别税收处理，激发市场主体活力；国家设置中央垂直管理税务机关确保执法统一、服务优质,维护市场经济和全国统一大市场顺畅运行。

稳定经济预期和促进经济增长

信心和预期管理是经济社会管理的一项重要内容。税收法定使税法具有较好的稳定性,也使税收缴纳有很好的确定性。在税制体系基本健全后,税收一般不是经济预期变动的主要因素,稳定经济预期、促进经济增长和高质量发展是税收的重要使命。

税收作为一个由若干不同税种、不同计税办法、渗透经济各方面的完整体系,在税制设计和税法制定时都会预留丰富的政策工具,并授权行政部门相机抉择使用,对经济运行中的问题依据法律授权选择不同的政策工具精准、快捷、直达纾解,对经济预期发挥正向影响,增强社会信心。

税收一般被作为逆周期调控经济和调节收入的政策工具使用,通常在经济下行周期时实施减免退税。由于减免退税比较直接,也能够快速直达经济主体,对缓解经济主体困难、减缓经济下行有直接效果。效果大小当然与经济下行的力度、减免退税的范围和规模有关系。在经济恢复和上行形成稳定趋势以后，减免退税需要适时退出，但一般不需要开征新的税收。

这么处理表面看是"减税容易增税难"，背后确有税收经济道理在。税收逆周期调节主要针对某些特定的经济领域、服务某个时期的特定政策目标，政策工具使用时间一般不会太长，与税收支持社会事业全面进步的做法有所区别。

促进区域协调发展和共同富裕

区域协调发展和共同富裕不是一种终极状态而是一个奋斗创造、福利增进的长期历史过程，就如同"鼓励一部分地区和一部分人先富起来，先富帮后富，最终实现共同富裕"是一个激发致富激情、财富增长的长期历史过程一样，它们在相当长的历史进程中共同发挥引领和推动作用，具有同等价值，甚至有更为鲜明的时代特性。

税收对促进区域协调发展和共同富裕的主要措施包括：对设在西部地区的鼓励类产业实行15%的企业所得税优惠税率；对个

人工资薪金等综合所得和个人生产经营所得实行超额累进征收个人所得税，对低收入群体不征税，对高收入群体收入越高征税越多，最高档次税率分别为45%和35%；对捐赠支出允许在限额限期内从所得税税前扣除；等等。

税收在推进新型基础设施建设、推进乡村振兴、推进新型城镇化等方面也有一些措施和作为，客观上也为实现基本公共服务均等化服务，为区域协调发展和共同富裕服务。

区域协调发展和共同富裕最终还是要靠有利于产业发展、经济强盛的利益分配、利益保障政策，财政政策是其中非常重要的一项。税收在中央和地方之间的分享，是与税收功能发挥密切相关的一项财政政策，特别与区域协调发展和共同富裕最为密切，在这里专门谈几个观点。

（1）关税和进出口环节税、消费税、证券交易印花税以及部分中央企业总部缴纳的增值税、所得税作为中央税，背后的逻辑是"全国的税源集中在某地缴纳的税收"。按这个逻辑，凡属于"全国税源集中在某地缴纳的税收"都有研究由中央独享的可能性。

（2）在数字化时代，增值税越来越具有"全国税源集中在某地缴纳"的特征，应积极研究其确定为中央税或优化中央与地方的分享比例。一是全国统一大市场建设、市场壁垒消除、市场配置资源使得增值税税源在全国流动便利加速；二是增值税销项税额、进项税额、应纳税额、留抵退税额在地区间不匹配，留抵退税制度实施加剧了这种不匹配；三是纳税人服务全国甚至全球市场，数字化支撑集约化经营、集聚税源、统一缴税已成趋势，增值税制度要为这种市场选择服务而不是相反。积极研究将增值税作为中央税或优化中央与地方分享比例的逻辑是税源流动性强的税收应作为中央税。

（3）税源流动性差的税源应作为地方税。目前税收收入归属地方的城镇土地使用税、房产税、车船税、土地增值税、耕地占用税、烟叶税、资源税、环境保护税、印花税等税种都符合这一特性，但符合这一特性的车辆购置税则为中央税，使用则有"专用于路和交通"性质，应适时终止延续"车辆购置费"的理财用费惯性，改作地方税，作为完整意义的公共财政收入。

地方税很大程度上是一个税收收入归属省（含省级）以下地方的概念，不是税权概念，税权必须集中在中央。税种的开征、停征、征税范围、税额税率等只能由中央决定，地方只能在中央规定的税额税率幅度内根据授权确定税额税率，只能在减税免税授权范围内减税免税，富裕的地方不能少征税，欠发达的地区不能多征税，地方财力、支出水平按基本公共服务均等化、全国协调发展的总体部署，通过确定规范的税收分享、上解下拨、转移支付等财政体制解决。

支持社会事业全面发展

税收推动社会事业全面发展，与税收逆周期调节主要聚焦在经济领域有所不同，涉及的领域很广，可以归为两类。

一类是"社会的火炬"，即是投入巨大、需要激发创造力、引领社会进步的科技创新。

另一类是"社会的良心"，即是社会必不可少、处于幼稚发展期或不能完全市场化的产业，以及社会必不会少、竞争力比较弱或收入仅能维持基本体面生活的群体。

支持社会事业全面进步的税收措施，实施的时间一般都比较长，有的没有止期。

落实到税收支持的具体产业和行业，主要包括：支持创新驱动发展、支持农业发展、支持发展现代服务业、促进创业就业支持改善民生、推动绿色发展等。

支持创新驱动发展措施，主要包括：对高新技术企业实行15%的企业所得税优惠税率；用于技术研发的固定资产可以加速折旧，技术研发费用可以加计扣除，减轻企业所得税负担；对首台（套）高新技术装备减免退增值税；对科研人员的奖励、激励给予个人所得税优惠；等等。

支持农业发展措施，主要包括：对农产品生产、初加工免征增值税和减免企业所得税、免征个人所得税；一般纳税人购进免税农产品可以抵扣甚至可以加计抵扣增值税；经营蔬菜等鲜活农产品免征增值税；等等。

支持发展现代服务业措施，主要包括：对体育、文化、养老、家政、育幼等事业实施宽范围税收减免，对现代物流、金融市场发展实施有针对性的税收优惠，扶持其更好服务实体经济和幼稚弱势产业发展。

促进创业就业支持改善民生的措施，主要包括：对教育医疗残疾人事业、生活物资保障、救灾及重建等实施宽范围税收减免，对小规模纳税人和个体工商业户规定增值税起征点，对小型微利企业实行企业所得税低税率并减免企业所得税，对残疾人、退役士兵就业和接收残疾人、退役士兵就业的企业减免退税，等等。

推动绿色发展措施，主要包括：征收资源税、环境保护税和耕地占用税，对环保、节能项目减免企业所得税，对新能源汽车免征车辆购置税、车船税，对再生资源回收利用退还增值税，等等。

"税收社会政策原则"运用

"税收社会政策原则"是充分发挥税收职能作用、更好服务国家经济社会发展的另一种表达方式。运用好"税收社会政策原则"需要准确把握税收的职能作用，不能夸大认为"税收万能"，也不能把税收的功能局限于组织财政收入而无所作为，其中把握好"度"确是需要决策者的才能和智慧。

在我国深化改革"使市场在资源配置中起决定性作用和更好发挥政府作用"的背景下，把握好"度"主要是防止"出于良好愿望"不适当运用税收政策工具扰动经济社会生活。

税收原则析论

坚持税权集中在中央

坚持税权集中在中央，这是我国的国家体制和社会主义性质决定的，共同富裕、建设全国统一大市场、区域协调发展、基本公共服务均等化等也都需要税权集中在中央。如果不适当赋予地方税权，那么地区之间以减税免税、减轻市场主体税收负担的税收竞争就不可避免。

当然，国家税权与国家财权紧密联系，税收体制与财政体制属于两面一体，需要共同配合，但财政体制约束和其他纪律约束并不能代替税权规定，税权分散的必然结果就是市场混乱、中央和国家财力渐弱，共同富裕、区域协调发展等都会落空。

赋予地方的税权要限制在非流动税源、收入归属地方的税收，并要严格规定幅度、范围和额度。税权通过《宪法》和《立法法》规定。目前我国关于税权的法律规定是基本适当和明确的。

防止违反"税收法定原则"

防止违反"税收法定原则"，这其中有法定权限、法定内容和法定形式三个方面需要注意。

法定权限比较明确，越权和擅自减免税的情况不易发生，但值得注意的是非税收法规性质的文件规定、夹述税收政策措施内容，不准确、不专业，容易引起社会误解，甚至影响税收执法和税收确定性，需要禁止。

税收的开征、停征、减免等法定内容容易判定，争议比较大的是"税收返还"或以税收贡献计算给予纳税人财政奖补，它虽与税收相关，效果与税收减免相似，但一般属于财政支出范畴，国家三令五申禁止但都禁而不绝，需要进一步下功夫禁止。

法定形式在近年来逐渐引起了重视，税收政策调整一般都能以财政部、国家税务总局"公告"向社会发布，但也仍然存在以"财税通知"等不规范形式发布的情况，当前仍需要重视，法定的形式是什么需要明确，实施中的问题需要解决、规范。

防止频繁出台和变更税收政策措施

从税法有稳定的属性、为市场主体提供稳定预期、税法实施效果滞后显现和税法遵从成本等各方面看，税收政策措施的实施期限都不宜过短,最短也不要少于 1 年,最好 3 年以上,也不要频繁出台、变更。

频繁出台和变更税收政策措施、税收政策零碎、执行期限过短、遵从成本太高等问题需要改变和防止。税法立法是严肃的事项,科学立法要求认真全面论证,遵循立法规律,贯彻《立法法》。

注意政策措施之间协调配合

"社会政策原则"要求税收政策措施为实现政府社会政策目标服务,可用的包括全部税种的各种税收政策措施都应该同向发力、协调配合,不能顾了主税种而忽视了其他税种,没有必要舍得了牛还不舍得牵牛绳。

如,对增值税小规模纳税人包括个体工商业户未达到起征点免征了增值税,却不明确规定对这类业户也免征企业所得税或个人所得税、印花税,以及用于其生产经营的自用房产、土地免征城镇土地使用税和房产税等,这样处理既限制了税收优惠政策的作用,也不利于降低遵从成本和执法成本。类似的情况并不鲜见,都应该尽量避免。

后 记

后 记

为什么重点阐释十二项税收原则

《税收原则析论》重点阐释了十二项税收原则,为什么是这十二项呢?

税收原则研究的源头是威廉·配第税收三原则和亚当·斯密税收四原则,公平、确实、便利(缴纳方便)和节省(最少征收费用)原则被广泛认同、接受。

认真分析发现,"三原则"或拓展后的"四原则"有三个共同的特点:一是每个原则都是从一个侧面反映和描述税收的一般规律、一般属性;二是反映和描述的内容在同一层级,同等重要;三是中文表述都是两个字,语言表达简洁易记。

经分析研究其他经济学家和政治哲学家提出的其他税收原则,能够满足这三个特点的有"充分"、"弹性"和"中性"三个原则。"前四个"加这"后三个"共七个税收原则共同构成了税收原则大厦的"四梁八柱"。

认真研究其他经济学家和政治哲学家提出的其他税收原则会发现,税收原则不仅研究税收自身的一般规律、一般属性,还须研究税收与经济、社会的关系,研究国家与纳税人的关系,税收原则不仅是学术研究的内容和思想观念,更是现实的法律实施和社会生活。

"国民经济"和"社会政策"原则处理税收与经济、社会的关系,"实质课税"与"诚实信用"和"反逃避税"原则处理国家与纳税人的关系,这五个原则都具有鲜明的实践性,与前七个原则同等重要,共同构成了税收原则大厦。如果没有这五个原则,税收原则就是不会开花结果或至少是没有开花结果的树,税收原则大厦就是刺眼的烂尾工程,不可能有漂亮的房间和多彩的生活。

其他有一些传播较广的重要"税收原则"虽然没有单独列出讨论,但也将其纳入与十二原则涵义相近的某个原则讨论了,如"合理负担"原则在"公平"和"充分"等原则中讨论,"税收法定"原则在"确实"中讨论,"经济效率"原则在"中性"和"国民经济"中讨论,等等。其他更小一些的税收原则如"不可侵及纳税人的最低生活费""有利于提高国民道德"等也在十二项原则中有所涉及,但显然不宜与这十二项原则并列讨论。

税收原则体系

"税收十二原则"构成的税收原则体系可以分为四组,"第

后 记

一组"为"公平""确实""便利""节省""充分""弹性"和"中性"等七个原则,体现税收的核心价值;体现税收与经济关系的"国民经济"原则是"第二组";体现国家与纳税人关系的"实质课税""诚实信用"和"反逃避税"原则共同构成"第三组";体现税收与社会关系的"社会政策"原则是"第四组"。

各组和各个税收原则的关系,有一个表象是从"第一组"到"第四组"逐组叠加扩散影响,最终达成税收社会实践的最优,至少是次优社会效果,但其内在的逻辑总体还是互动、指引、制约和平衡的关系。

这当然只是一家之言,希望读者讨论、批评。

税收原则的运用和实践

在十二项税收原则的阐述中,提出了一些将税收原则研究运用到我国健全有利于高质量发展、社会公平、市场统一的税收制度,优化税制结构,深化税收征管改革的建议。这些建议主要包括:

坚持税权集中在中央不动摇,授权省级行使的税权严控范围。

将烟叶税并入消费税。

印花税除证券交易外其他征税品目取消并改为"证券交易税"。

坚定推进房产税试点、立法和逐步全面征收。

设立预算平衡基金,严格治理"有税不收"和征收"过头税"。

继续深入推进智慧税务建设。

进一步精简税务机构设置,继续深化机构改革。

等等。

在这里不一一列举,也不再重述理由。

最为重要的建议

在所提建议中,最为重要的一项是:在以后的增值税税制完善中,将不达现行增值税起征点规定的业户排除在增值税纳税人范围之外不征增值税。这样处理除直接免除小业主的增值税、增加他们的可支配收入外,还有非常多的好处,如:不再区分增值税一般纳税人和小规模纳税人，可以大幅度减少纳税人、节省税收成本，等等。

如果说多年前建议、推动提高起征点已经变为税收法规政策，那么现在更迫切地希望增值税更公平、更有效率、更便利、更节省。理由理念还可以参见附录所列编著者《对增值税改革和立法的建议》（2015年）和《对增值税和营业税起征点政策问题的思考》（2008年）。

在将不达现行增值税起征点规定的业户排除在增值税纳税人范围之外不征增值税的同时，希望也研究明确：对其中的个体工商业户经营所得也不再征收个人所得税。这样处理可以实现国家整体效益最优。

致谢

能够编写出版《税收原则析论》，是因为在改革开放初期有机会读了税务专业，有机会投身税收事业。最要感谢的是这个能够激发无限活力和勇于创造的美好时代！

要感谢组织和领导的关心、培养，使得自己有机会在实践锻炼和教育培训中成长，爱税收，研究税收，奉献税收，服务纳税人和经济社会发展！致敬我尊敬的每一位领导！

要感谢我的爱人，是她理解、支持和几乎承担了全部家庭责任，使我无后顾之忧全身心投入税收事业！

要感谢同事们的支持、帮助！没有你们的鼓励，《税收原则析论》也可能没有勇气交付出版。

要特别感谢经济学博士贾绍华教授为本书作序，他现任中国法学会财税法学研究会副会长，是中国社会科学院大学研究生导师，享受国务院特殊津贴专家。

要特别感谢中国税务出版社的编辑、领导为书稿付梓所做的辛勤工作！

扫一扫，一起讨论税收原则。

附 录

附录

增值税改革与立法的建议（2015年）

当前，增值税改革需要攻坚推进，增值税立法进入关键阶段。改革促进立法、立法推进改革，是深化增值税改革、落实税收法定原则、实现增值税现代化、促进经济转型升级的迫切需要。经组织对我国增值税的改革与立法进行专题研究，取得一批研究成果，现整理提炼提出如下建议。

一、准确定位增值税功能

准确定位增值税功能是增值税立法的第一要务，关乎立法成败。

（一）以"收入规模第一税种"定位筹集财政收入功能。改革后的增值税，保持占税收总收入比重不降低，保持目前增值税、营业税占GDP的比重不降低。将筹集财政收入功能定位为最主要的功能，其他功能实现则是实施科学增值税的自然结果。

（二）以"中性"定位经济调控和收入调节的经济效率功能。回归增值税税种属性，以普遍征税、税率档次尽量少、不干扰市场配置资源、非常损失最小为改革和立法努力方向,通过纳税人划分确定、税率确定及适用、出口退(免)税进口全额征税、一般不使用减征免征即征即退先征后返等手段对纳税人实施税收优惠等实现其经济功能,不纠缠个别行业、产品税负升降,给市场决定资源配置和税负转嫁调整市场主体利益的空间,政府的一些经济社会政策目标尽量不使用增值税政策工具,而通过其他税种、其他财政政策工具实现。

(三)以"信息化支撑和综合措施配套"定位便于遵从和征管的行政效率功能。以增值税发票系统为核心的增值税信息化支撑体系,为增值税便于遵从和征管、推进改革和立法打下了坚实的基础,但还远远不够。确保增值税全面顺利实施,中央政府应作为系统性工程综合配套各种措施予以保障,如:通过财政政策弥补实施规范科学增值税对弱势产业的扶持;通过整合财政资金实施对最终消费的退税、实施发票抽奖等措施鼓励消费者取得发票;通过立法以获取第三方信息,并升级信息系统切实控制税源;等等。

增值税改革可以相机抉择采取适当的过渡措施,但增值税立法则必须回归增值税本质。

二、凝聚改革增值税的共识

基于前述的定位,增值税改革与立法,必须进行深入研究,凝聚改革共识,促进顺利改革,推动科学立法。

(一)只确定一类纳税人,实行规范统一的计税办法。不再划分小规模纳税人和一般纳税人,增值税应纳税额等于销项税额减去进项税额,进口货物应纳税额为组成计税价格×适用税率。

(二)将小业主排除在增值税纳税人之外。对一些销售额较小的小业主,应准予其自行选择是否作为增值税纳税人。对不选择作为增值税纳税人的,不征收增值税,且规定其不得使用有抵扣功能的增值税发票。

1. 合理确定小业主范围。小业主的社会功能主要是就业和服务周边居民生活,确定小业主应以正常的生产经营活动能够维持其经营者家庭及雇佣1~2名员工基本生活的经营收入额为标准,应大幅度高于目前执行的起征点标准。

2. 明确小业主发票使用。将小业主视为消费者,规定不能开具具有抵扣功能的发票将其排除在增值税的链条之外,有利于实现纳税人和非纳税人的各自社会功能。小业主作为普通经营者可以使用不具税款抵扣功能的发票（销售凭证和报销凭证），视作消费者鼓励其取得纳税人开具的发票用于办理退税或参与发票抽奖。

3. 留有小业主做大做强的上升通道。小业主可根据创业和生产经营的需要，改善核算水平，自愿申报登记为增值税纳税人。

4. 将小业主排除在纳税人之外，不仅民生及社会意义十分重大，还可以节省大量的税收征纳费用。

（三）简并税率档次。应把简并税率作为完善增值税制的一项主要内容，建议保留17%的基本税率，只设立11%和6%两档低税率和零税率，取消征收率。严格控制并明确适用低税率的范围，以充分实现增值税的功能，减少征纳双方在应税项目适用税率上的难度，提高税法遵从度。

（四）严格控制增值税减免。原则上取消对新的纳税人的减征、免征、退税、返税等税收优惠，以维持增值税扣税链条完整。税收的特殊经济调控、收入调节职能，应主要通过其他税种或财政政策实现和保障。在最终销售环节可选择对消费者（包括最终消费单位、个人和小业主，下同）退税，以鼓励取得纳税人开具的发票控制税源和体现经济社会政策。

对农业和农产品的处理，一是将小业主不作为纳税人可以继续维持对绝大部分农产品生产者生产销售农业产品不征税，并且这些小业主生产销售农业产品购进的生产资料还可以获取国家的退税（可以整合财政涉农资金直补）；二是对有一定规模的农产品生产者销售农业产品可规定适用6%的低税率。

（五）建立有奖发票制度。利用增值税发票数据建立全国性的发票（不包括小业主开具的发票）抽奖制度，鼓励消费者向纳税人索取发票，控制税源。奖金作为税收征管成本由中央财政安排，按周或按月开奖，小奖可多并有少量大奖。

（六）优化增值税发票管理。将增值税发票（升级版）系统覆盖全部纳税人，实现增值税应税销售发票、抵扣发票（凭证）信息系统全比对、全稽核。

（七）维持纳税人价税分离的计价和核算模式，以体现增值税的价外税属性。维持对消费者销售以价税合计标注价格模式，以减少社会影响。

三、稳妥推进增值税改革立法的方法步骤

（一）强化增值税知识普及。增值税专业性强而又影响面大，应利用多种平台、多样化方式,积极普及增值税知识和改革措施,促进税法遵从度提高;应有针对性地对全国人大代表、政协委员普及增值税专业知识,讲解增值税作用机理,理解支持改革,促进科学立法。科学立法要求立法者熟知增值税功能属性。

(二)高度重视整体税负测算以及税率和适用范围确定。充分利用税收资料调查积累的数据和成熟技术、模型,测算分析可供选择的税率方案,将基本税率、11%和6%两档低税率适用范围建立在科学实证分析基础上。科学立法需要准确体现增值税功能属性。

(三)尽快启动法条起草。建议税务总局积极配合财政部(法条起草责任部门)尽快启动法条起草工作,以立法倒逼改革,尽快全面完成"营改增"改革;以改革倒逼立法,尽快提出税法草案,上报国务院。科学立法需要增值税法条规定税率及适用范围和增值税管理"基本制度",确认成熟做法,堵住法律法规漏洞,确定明确无歧义,准确体现增值税功能属性。

(四)重大事项逐项征求专家和社会意见。增值税专业性、重要地位和在改革中推进中立法、许多重大事项仍需凝聚共识的实际,使得立法任务十分艰巨。在立法中,应对"税率的确定"

及适用范围、每一项增值税管理的"基本制度"进行充分论证，逐项征求各相关部门、专家学者、纳税人和社会各界的意见和建议。科学立法要求民主立法，凝聚各方共识，汇集各方智慧，增强税法操作性，以利于税法遵从。

（五）2017年年底前完成立法。社会各界对增值税立法意愿强烈，全国人民代表大会常务委员会已将增值税立法列为"条件比较成熟、任期内拟提请审议"项目，税收现代化设定的目标任务和时间表，"十三五"规划的实施也迫切需要推进增值税的改革与立法，留给增值税改革和立法的时间已经不多，必须抓紧工作推进如期完成。

税收原则析论

对增值税和营业税起征点政策问题的思考（2008年）
——像对个人所得税工薪收入起征点那样对增值税、营业税起征点给予重视和关注

十届全国人大常委会第三十一次会议于2007年12月29日上午表决通过了关于修改《个人所得税法》的决定。决定将个人所得税工资薪金所得费用减除标准自2008年3月1日起由每月1600元提高到2000元。这是继2005年10月将工薪所得减除费用标准从800元提高到1600元以后的又一次修改。这次修改，适应了居民基本生活消费支出增长的新情况，减轻了中低收入者的纳税负担，无疑是党中央、国务院高度重视以改善民生为主要内容的和谐社会建设和深入贯彻科学发展观的具体体现。在研究讨论个人所得税工资薪金所得费用减除标准过程中，人大、政府高度重视，社会各界广泛关注，媒体、民众广泛参与，"个税起征点"甚至入选2007年中国媒体十大流行语。但是，反观与个人所得税工资薪金所得减除费用标准同样重要，甚至对减轻中低收入者税收负担、鼓励就业、稳定物价减低通货膨

胀压力、减轻政府管理负担,特别是税务机关征管压力等方面更为重要、更为迫切的增值税、营业税起征点问题,并未引起足够重视。

笔者认为,应该像重视和关注个人所得税工薪收入起征点那样重视和关注增值税、营业税起征点问题,尽快完善和调整增值税、营业税起征点政策。

一、原因分析

增值税、营业税起征点问题没有像个人所得税工资薪金收入起征点那样得到重视和关注,原因是多方面的,但主要有三方面。

(一)两项政策的受益对象不同。个人所得税工资薪金收入起征点政策的受益对象,显而易见是工薪阶层;增值税、营业税起征点政策的受益对象是个体工商户。这两个收益对象明显属于不同的群体。

(二)对增值税、营业税起征点政策所具有的政策功能重视不够、认识不足。起征点是流转税制中的一个重要要素。1993年年底出台税制改革的政策时,我国增值税起征点(为了叙述方便，营业税起征点略去）的规定是销售货物600～2000元/月，销售劳务200～800元/月，按次纳税的是50～80元/日·次。国家规定了一个上下限幅度，具体执行多少由各省（自治区、直辖市，下同）确定。2003年年初，国家将增值税的起征点调整为销售货物2000～5000元/月，销售劳务1500～3000元/月，按次纳税的是150～200元/日·次（为了叙述方便，以下讲到起征点的规定时只讲销售货物，销售劳务和按次·日纳税略去）。国家仍然是规定了一个上下限幅度，具体执行多少仍由各省确定。

1993年制定税制改革方案时，宏观经济环境是投资过热，通货膨胀。规定销售货物800～2000元/月的起征点政策，主要有三个原因：一是实行起征点是世界的通用做法，也是对我国原有营业税起征点政策的继承；二是考虑降低征税成本；三是确定这样的标准主要是要确保财政收入。政策目标相当程度上是考虑税收政策比较完善（在税制中包含起征点这一税制要素，同时继承历史、保持税制改革前后税负基本一致）和税收征管比较简便（减少相当一部分纳税人，以降低征税成本）这两个因素，主要是税制本身。对于增值税、营业税起征点政策对经济运行的影响并未提到应有的地位来研究。这也许是由于当时通货膨胀的宏观经济形势的制约,更重要的还是受宏观调控政策目标和运用宏观控制手段的认识不足、理解不透的影响、制约。

2003年调整增值税、营业税起征点政策的宏观经济环境是通货紧缩,需求不足,首要政策目标是解决失业、再就业问题。对2003年调整增值税营业税起征点的措施,有几点值得注意:一是当时经济状况总体是通货紧缩、需求不足和失业突出,调高增值税、营业税起征点作为一种减税措施,是实施宏观调控的"逆向调节"措施之一;二是这项政策的受惠者是低收入者,这部分受惠者得到政策的实惠后,绝大部分收入将会用于消费,无疑将有利于缓解通货紧缩、需求不足的问题;三是减少了个人投资风险,有利于刺激下岗职工、农民等群体从事个体经营,体现"就业是民生之本"和促进民营经济发展的要求;四是有相当多的个体工商业户享受到了政策的实惠,改善了他们的生活条件,也使税务部门撤并、收缩基层税务分局、所,集中人力加强主要税源征管提供了条件。这次增值税、营业税起征点政策调整,从政策目标看,似乎是从税制和税收征管本身转向了税收对经济运行的影响,转向了国家的宏观控制目标,客观上也起到了这样的作用，但从运行过程和后续跟进情况看，还不是自觉的行为，理由有两点。

一是2003年调整增值税、营业税起征点的政策是以《财政部 国家税务总局关于下岗失业人员再就业有关税收政策问题的通知》（财税〔2002〕208号）文件下达，执行之初各地还有疑问，政策优惠对象是否仅是下岗失业人员。

二是2003年的政策调整后，我国经济和社会环境都发生了重大而深远的变化，特别是财政状况逐年改善，解决就业问题、改善低收入者生活、构建和谐社会、深入贯彻落实科学发展观的各项措施不断出台，但是5年多来起征点政策并未跟进调整。

（三）政策自身和实际执行中存在的问题没有引起足够的重视，主要体现在以下三个方面。

一是增值税和营业税的起征点标准过低。销售货物2000元/月是2003年政策调整之前的高限，是调整政策后的低限。销售货物2000元/月，以20%毛利率计算有毛利400元，如果起征点就是2000元，按现行政策规定，仅增值税就要缴纳80元，缴增值税以后有毛利320元，经营者还要支付其他税收（城市维护建设税、教育费附加、所得税）、工商管理费等行政管理费、借款利息、房租费后，劳动者（经营者）连工资都保证不了，销售货物2000元/月根本无法维持一个经营者本人的生活，更不要说通过从事小规模的经营来养家糊口，销售货物2000元/月的标准太低。起征点的高限销售货物5000元/月以20%毛利计算也才有1000元的毛利额，缴税交费后，要维持经营者本人的生活也是困难的，还是低了，很难实现其政策目标。

二是规定起征点幅度不合理。起征点政策不论调整前还是调整后都规定了一个幅度，由各省在幅度内自定。规定一个幅度，体现了区别对待的原则，表面看有一定道理，但认真分析，既不合理也不能实现其宏观政策目标。首先，根据东西部地区的经济财政状况，经济欠发达地区大部分会确定为低限2000元/月或稍多（如安徽在2003年确定为销售货物2000元/月），经济发达地区大部分会确定为高限5000元/月（如大连在2003年确定为销售货物5000元/月），不论是2000元/月还是5000元/月，都显得过低。其次，从西部大开发战略、缩小东西部差距角度看，西部的税收政策优惠程度应比东部高，至少不应该更低，很明显，在现在的幅度政策规定下，优惠程度东部高于西部，明显不公平。还需说明的是，经济不发达地区人口素质相对较低、商品观念相对淡薄、就业机会少,起征点政策对这些地区具有更直接和更重要的作用。

三是政策落实不够好。表现:第一是相当一部分地区都将起征点定在了最低限。第二是相当一部分地区包括将起征点定在最低限的地区,对没有达到起征点的业户以"淡旺季""农闲经营、农忙停业"等形式将不应该征收的税款征收了。客观地讲,纳税人确实存在淡旺季、农闲经营农忙停业、几个月达得到起征点、几个月达不到起征点的情况。因此对经营业户几个月征税、几个月不征税是正常的,但是全年每个月都达不到起征点而被征了几个月的税收,或者是全年只有很少的月份达到起征点而被征了更多月份税收的业户,在西部地区特别是农村贫困地区是存在的,在实际征收的技术处理上并不会有什么瑕疵,税收完税凭证上开具的销售额经折算后不会低于起征点。这背后的主要原因首先是部分地方政府为了确保工资发放、确保当年税收收入比上年增长而使既得税收利益不受损害,其次是部分税务部门为了从地方获得资金奖励。第三是在城市存在核定征税的营业额普遍达不到业户的实际营业额,其中的原因首先是税收负担水平过高,如:货物销售的增值税征收率是4%,而一般纳税人的平均增值税负担率不到2%；其次是征管能力不足；再次是对个体经营没有有效的监控手段；还有是上级税务机关难以对基层税务机关进行监控；等等。核定征税的营业额达不到业户的实际营业额，给税务机关带来了较大的执法风险，检察机关如以"渎职"追究税务干部责任，税务机关将难辞其咎。核定征税的营业额达不到业户的实际营业额，在执法环节不当地"消化"了政策本身的问题，这也是起征点政策问题被掩盖、政策调整未引起重视的一个重要原因。

二、完善和调整的意见

增值税起征点政策表面看是"小政策"，也正因为如此，多年来一直未引起政策讨论、决策研究和实际执行的应有重视，其作用被严重忽视了。在全面贯彻党的十七大精神、深入贯彻落实科学发展观和推进全面建设小康社会的关键阶段，增值税、营业税起征点政策应认真研究完善和调整，并坚决贯彻落实好。

（一）进一步提高起征点。考虑在经营收益只能维持2人基本生活时，不应对其征税。这样一个政策尺度，对鼓励就业、缓解社会保障压力、减轻社会压力、降低税收成本、都有重要意义。研究对低经营收入者是征税还是免税,应把公平和社会效益放在第一位。在具体确定起征点的时候,应该全国统一标准,不要规定幅度,目的是要使最需要执行起征点政策的西部、农村地区、低收入阶层真正得到政策实惠,实现政策目的。英国增值税起征点规定为61000英镑/年,值得借鉴。

(二)调低征收率。增值税的征收率应与一般纳税人的平均增值税负担率基本一致。这样规定,有利于使核定征税的营业额更接近业户的实际营业额,也有利于平衡营业额在起征点附近业户的税收负担,便于业户接受,减轻税收征收管理的难度。当然,解决这个问题,最为彻底的是将"起征点"调整为"免征额"。

(三)坚决贯彻落实完善调整后的政策。收入必须服从政策,要健全坚决贯彻落实政策的机制和制度。各级税务机关的经费需要必须得到保障;对西部地区、贫困地区,对实行"淡旺季"征税的要实施重点监控;要采取一切有效措施落实起征点政策,实现应有的政策目标。

参考文献

1. 国家税务总局《关于进一步深化税收征管改革的意见》落实领导小组办公室. 深化征管改革激活力 建设智慧税务促发展：《关于进一步深化税收征管改革的意见》辅导读本（一）[M]. 北京：中国税务出版社，2021.

2. 《税收学》编写组. 税收学 [M]. 北京：高等教育出版社，中国税务出版社，2021.

3. 金人庆. 中国当代税收要论 [M]. 北京：人民出版社，2002.

4. 金人庆. 领导干部税收知识读本 [M]. 北京：中国财政经济出版社，1999.

5. 国家税务总局税收科学研究所. 西方税收理论 [M]. 北京：中国财政经济出版社，1997.

6. 张守文. 税法原理 [M]. 北京：北京大学出版社，1999.

7. 王成柏,孙文学. 中国赋税思想史 [M]. 北京:中国财政经济出版社,1995.

8. 亚当·斯密. 国富论 [M]. 孙善春,李春长,译. 郑州:河南大学出版社,2020.

9. 孟德斯鸠. 论法的精神 [M]. 许明龙,译. 北京:商务印书馆,2019.

10. 哈耶克. 通往奴役之路 [M]. 王明毅,冯兴元,马雪芹,等译. 北京:中国社会科学出版社,2020.

11. 格里高利·曼昆. 经济学原理(第8版)[M]. 梁小民,梁砾,译. 北京:北京大学出版社,2020.

12. 威廉·配第. 赋税论 [M]. 邱霞,原磊,译. 北京:华夏出版社,2013.

13. 约翰·洛克. 政府论 [M]. 杨思派,译. 北京:中国社会科学出版社,2009.

14. 西蒙·詹姆斯,克里斯托弗·诺布斯. 税收经济学 [M]. 罗晓林,译. 北京:中国财政经济出版社,2002.

15. 富勒. 法律的道德性 [M]. 郑戈,译. 北京:商务印书馆,2005.